讲好当代
英雄故事

任仲文 | 编

人民日报出版社
北 京

图书在版编目（CIP）数据

讲好当代英雄故事 / 任仲文编 . — 北京：人民日报出版社，2020.11
ISBN 978-7-5115-6673-7

Ⅰ.①讲… Ⅱ.①任… Ⅲ.①中国共产党—党员—先进事迹—现代 Ⅳ.①D263

中国版本图书馆 CIP 数据核字（2020）第 218469 号

书　　名：讲好当代英雄故事
　　　　　JIANGHAO DANGDAI YINGXIONG GUSHI
编　　者：任仲文

出 版 人：刘华新
责任编辑：曹　腾　季　玮
排版设计：九章文化

出版发行：人民日报出版社
社　　址：北京金台西路 2 号
邮政编码：100733
发行热线：(010) 65369509　65369527　65369846　65369512
邮购热线：(010) 65369530　65363527
编辑热线：(010) 65363486
网　　址：www.peopledailypress.com
经　　销：新华书店
印　　刷：大厂回族自治县彩虹印刷有限公司
法律顾问：北京科宇律师事务所　010-83622312

开　　本：710mm×1000mm　1/16
字　　数：254 千字
印　　张：16.25
版　　次：2020 年 12 月第 1 版
印　　次：2021 年 5 月第 2 次印刷

书　　号：ISBN 978-7-5115-6673-7
定　　价：48.00 元

目录

草原英雄小姐妹龙梅、玉荣

麦贤得

张伯礼

杰桑·索南达杰

木里 31 勇士

中国女排

杨根思

杨根思，男，汉族，中共党员，1922 年生，江苏泰兴人，1944 年入伍，生前系中国人民志愿军第二十军五十八师一七二团三连连长。小高岭战斗中，他率部接连击退美军 8 次进攻，最后只剩他一人时，毅然抱起炸药包与敌人同归于尽。朝鲜民主主义人民共和国追授他英雄称号和金星奖章、一级国旗勋章。被志愿军总部追记特等功，授予特级英雄荣誉称号，其生前所在连队被命名为“杨根思连”。2009 年当选 100 位新中国成立以来感动中国人物。

与敌人同归于尽的爆破大王杨根思

魏 尧

"我们活着就是为了消灭所有反动派。为了祖国，为了朝鲜人民，为了全人类解放，我们要守住这个阵地"。这是年仅 28 岁的杨根思，在抗美援朝战争中带领战友宣誓的一席话。为了保卫阵地，他毫不畏惧地抱起炸药与敌人同归于尽，献出了年轻的生命，展现了共产党人革命理想高于天的英雄气概。

苦大仇深，参加革命队伍

1922 年冬，杨根思出生在江苏省泰兴县五官乡的一个贫苦农民家庭。父亲在他 4 岁时，被地主折磨致死，母亲含冤成病，不久离世。贫困饥饿的逼迫，使得年幼的杨根思不得不顶着烈日风雪去给地主种田、放牛，仇恨的种子就这样深深埋在了他幼小的心灵中。15 岁时杨根思被哥哥带到上海林记地毯厂当学徒工。在这里，相依为命的哥哥在包工头的压榨下死去，杨根思也备受压迫。杨根思亲身经历了旧社会的黑暗，目睹到劳苦大众遭受的迫害，渴望能改变这种不公的现状。

1941 年皖南事变发生后，新四军军部重建，部队迅速壮大，革命浪潮席卷整个南方地区。杨根思听闻家乡来了共产党、新四军，带领穷人闹革命，这消息让他无比振奋，回乡后立刻参加了民兵基干队。1944 年 2 月，在革命队伍的影响下，杨根思毫不犹豫加入了新四军，成为革命战士。在部队里，杨根思向排长表达报仇出气的想法，排长语重心长地告诉他，"你可知道，这世界上有多少人在受苦受难，多少人家破人亡。新四军是革命的队伍，是完全为着解放人民的"。部队生活的耳濡目染，开阔了杨根思的革命胸襟，逐渐让他懂得更多的革命道理。在部队的诉苦大会中，杨根思看到许多和他一样遭遇的战友，进一步坚定了革命理想和信念。

浴血奋战，取得赫赫战功

1945 年春，杨根思所在部队南下，收复了日军占领的浙西地区。国民党顽固派连续调集重兵企图歼灭新四军苏浙军区部队。杨根思跟随部队参加了粉碎敌人阴谋的浙西自卫战。在战斗中，杨根思敢打敢拼，拿着手榴弹冲进敌人阵地炸死哨兵，为先头部队赢得宝贵的进攻时间。战斗结束后，杨根思被评为战斗模范。抗日战争胜利后，杨根思和部队向山东挺进，行军路途艰难，他帮助队友背米袋、扛机枪，丝毫没有抱怨。11 月，部队到达山东莒南，杨根思加入中国共产党，满怀激情地向党组织表示，“我这一辈子都交给党了”。

1946 年，国民党公然撕毁停战协定，准备进攻解放区。在围歼泰安守敌的战斗中，杨根思冲在最前面，眼睛受伤不下火线，用 18 颗手榴弹歼灭屋顶的敌人，占领制高点，帮助部队取得胜利，再次被评为战斗模范。这期间，杨根思一心想在战斗中发挥出更大的作用，他看到爆破在攻城中展现的巨大威力，便下定决心报名学习。同年 10 月，在鲁南郭里集战役中，杨根思不顾敌人密集的炮火，三次将拉雷放在敌人碉堡下，为全歼守敌立下大功，被誉为“爆破大王”。此后，杨根思又在齐村战斗中，连续爆破敌人碉堡群并俘虏了近一个排的敌人，被华东野战军领导机关授予“华东一级人民战斗英雄”的称号。1948 年，杨根思在淮海战役中被任命为新四军华东第一纵队第一师排长，率领一个加强排突入敌阵，以少胜多，获得“华东三级人民战斗英雄”的称号。1950 年 9 月，全国战斗英雄代表会议在北京召开，担任中国人民解放军第二十军五十八师一七二团三连连长的杨根思，受到毛泽东等国家领导人的亲切接见。

耿耿丹心，拼得此身为胜利

1950 年 10 月，中国人民志愿军参加抗美援朝战争，杨根思带兵由东线紧急入朝。东线多高山，气温达到零下 30 多度，战士们穿的还是华东军区发的薄棉衣、棉鞋。加上敌机轰炸，战士口粮不能及时供应，只能吃冻得硬邦邦的土豆。为了保证部队战士安全和鼓舞士气，杨根思每晚都在战士们睡下后查铺，并且寻找玉米壳给战士们铺鞋底防冻，讲解革命知识，鼓励战士们以坚强的毅力克服困难。

1950 年 11 月 29 日，在第二次战役中，杨根思所在部队负责配合第九兵团作战，坚守 1071 高地东南侧小高岭阵地以阻击敌人向南突围。敌人猛烈的炮火和轰炸将工事摧毁了一遍又一遍，杨根思和连队战士一次又一次打退敌人的进攻。战斗间隙，杨根思对战士们说："敌人凶，我们要更凶。子弹拼光了拼枪托，拼断了枪托再拼洋锹。绝不能丢阵地，丢阵地就是丢脸。"言毕，他带领战友们宣誓："我们活着就是为了消灭所有反动派。为了祖国，为了朝鲜人民，为了全人类解放，我们要守住这个阵地"。数次阻击成功后，杨根思身边只剩下几个战友，而后续部队被阻隔在半山腰，无法上来增援。杨根思果断命令通讯员把重伤员背下阵地，在重机枪手打完子弹后又命令机枪手撤出阵地。面对蜂拥而上的敌人，杨根思从容不迫地抱起炸药包冲向敌群，与敌人同归于尽。

1952 年 5 月 9 日，中国人民志愿军领导机关追记杨根思特等功，追授他"特级战斗英雄"的称号，列入《志愿军战斗英雄谱》，杨根思所在连队被追授为"杨根思连"。1953 年 6 月，朝鲜最高人民会议常任委员会追授杨根思"朝鲜民主主义人民共和国英雄"的称号，并修建杨根思英雄纪念碑。中国人民志愿军总司令彭德怀题词赞誉他是："中国人民的优秀儿子，国际主义的伟大战士，志愿军的模范指挥员"。

杨根思烈士的事迹影响和教育了整个志愿军。在临清江反击战的时候，就出现了 38 位杨根思式的英雄。到了上甘岭战役，出现了有名有姓的、包括黄继光在内有 68 位杨根思式的英雄。黄继光牺牲后，从他的饭包里发现三本连环画，第一本就是杨根思。

《学习时报》(2020 年 06 月 01 日　06 版)

杨根思:“三个不相信”响彻七十载

刘已粲

“不相信有完不成的任务，不相信有克服不了的困难，不相信有战胜不了的敌人！”一个多月前，中部战区陆军第 83 集团军杨根思部队的官兵士气高昂，呼喊着“三个不相信”口号，奔赴抗洪第一线……就连已经办理完转业手续的几位转业士官也主动请缨，要求参加抗洪。

杨根思部队以中国人民志愿军第一位特级战斗英雄杨根思命名，也是我军第一支以英雄名字命名的连队。70 年前，在赴朝作战前的动员会上，身为一连之长的杨根思喊出了振聋发聩的“三个不相信”，70 年来，“三个不相信”精神感染着一代又一代的人。

1950 年 11 月 29 日清晨，朝鲜长津湖下碣隅里外围东南面的小高岭上，震耳欲聋的飞机在天空中盘旋，地面上硝烟弥漫，熊熊燃烧的烈火之中，防御工事早已被炸成了平地。奉命扼守住这片阵地的中国人民志愿军第 9 兵团 20 军 58 师 172 团 3 连在号称王牌军的美军陆战第 1 师连续 8 次的狂轰滥炸之下，只剩下连长杨根思一人。

面对敌人即将发起的第九次进攻，杨根思默默收拢了阵地上所剩的全部武器——一包 10 斤重的炸药，一颗手榴弹，一支驳壳枪。眼看 40 多名美军爬近山顶，危急关头，他投出手榴弹，射出最后一颗子弹，随即抱起仅有的一包炸药，拉燃导火索，拼尽全力冲进敌群。

伴随着一声震天动地的巨响，杨根思的生命永远地定格在了 28 岁，连同迎面而来的美军一起消失在了烟雾之中。杨根思用他年轻的生命捍卫了小高岭阵地，也为夺取战役胜利赢得了时间，坚守了军令状里“人在阵地在”的誓言。

英雄壮举，并非偶然。1944 年，杨根思参加新四军，1945 年加入中国共产党。

参军后，他历任班长、排长、连长，靠自身过硬的素质和胆识，参加过抗日战争、解放战争和抗美援朝战争，经历了 300 余次炮火洗礼，屡立战功，部队里传扬着他“爆破大王”的美名。

1952 年，中国人民志愿军领导机关为杨根思追记特等功，追授他特级英雄称号，他生前所在连队被命名为“杨根思连”。1953 年 6 月 25 日，朝鲜民主主义人民共和国追授他“朝鲜民主主义人民共和国英雄”称号和金星奖章、一级国旗勋章。志愿军司令员彭德怀题词赞誉他是“中国人民的优秀儿子，国际主义的伟大战士，志愿军的模范指挥员”。

如今，在杨根思的家乡——江苏省泰兴市根思乡宣泰路 173 号，坐落着杨根思烈士陵园。走进陵园，迎面可见一座高大的杨根思塑像：他一身戎装，左手攥拳，右手紧抱炸药包，脚踏侵略者钢盔，眼神坚毅。70 年来，数百万名参祭者来到杨根思烈士陵园，缅怀先烈，“三个不相信”精神激励着无数人奋勇向前。

《光明日报》（2020 年 09 月 03 日　04 版）

张富清

张富清，男，汉族，中共党员，1924 年 12 月生，陕西洋县人，原西北野战军 359 旅战士，中国建设银行湖北省分行来凤支行离休干部。他在解放战争的枪林弹雨中九死一生，先后荣立一等功 3 次、二等功 1 次，被西北野战军记特等功，两次获得战斗英雄荣誉称号。1955 年所在部队调整，已是 359 旅正连职干部的他响应号召选择去了偏僻的来凤县，为贫困山区奉献一生。60 多年来，他坚守初心、不改本色，深藏功名、为民造福，用自己的朴实纯粹、淡泊名利书写了精彩人生。荣获时代楷模、全国优秀共产党员称号。

95 岁老人、71 载党龄、63 年深藏功名，张富清——

一位老英雄的初心本色

王　珏

人生是一种选择，在祖国需要时，张富清冲锋陷阵、九死一生；和平时期，他淡泊名利、默默奉献。

人生像一条曲线，在 30 岁之前，张富清功勋累累，成为“战斗英雄”；在 30 岁之后，他深藏功名、坚守初心。

伟大和平凡、赫赫战功和质朴寻常，在张富清身上形成强烈反差，又融合得如此自然。离开战功的 60 多年，变化的是他的工作岗位，不变的是他面对困难的不屈不挠、对职责使命的坚守。就像他亲手在阳台上种下的仙人掌，虽然普通，却有顽强的生命力，可以开出美丽的花朵。

“和牺牲的战友相比，我有什么资格张扬呢”

南方的天湿润、雨绵密，记者来到湖北恩施来凤张富清的家。这是一幢五层高的单位宿舍，楼体已经有些破旧，青苔偷偷钻进水泥墙的缝隙，白色的墙壁呈现斑驳的青色。

楼下空调店的小姑娘见到记者，主动问起：“是不是来找张富清的？”

从去年年底起，张富清家里一下子热闹起来。

起因是县里按照退役军人事务部要求，开展的退役军人信息采集。县信息采集员聂海波清楚地记得，那是 2018 年 12 月 3 日，张富清的小儿子张健全怀揣一个红布包裹，来到县退役军人事务局。当张健全小心翼翼打开包裹，聂海波顿时充满了发现宝藏的惊喜。包裹里是 3 枚奖章、1 份西北野战军报功书、1 本立功证书。立功证书上，一行钢笔字写着：“张富清在解放战争中舍生忘死，荣获西北野战军军一等功一次，师一等功、二等功各一次，团一等功一次，两次荣获‘战斗英雄’

称号。”

经验告诉聂海波，这些不是一般的战功，敬佩之情油然而生。“没想到在我们来凤，还有这样一位战功赫赫的英雄；更没想到，这位慈眉善目的老人从未主动吐露任何立功受奖的信息，甚至是对自己儿女。”聂海波感慨。

这个湖北西南端的小城震惊了。

张健全说：“平时父亲从来不说这些。”

原县科委主任田洪立说：“我和他一起共事多年，张富清都不讲他当兵的事。”

县巡察办主任邱克权知道张富清的事后，翻阅了来凤县志，没有找到相关记载：“这样一个英雄，怎么成了‘无名’人？”

张富清的事迹迅速引起了社会的关注。看望的、慰问的、采访的人们纷至沓来，涌进了张富清的屋子。

“这么多年，立功的事为什么不让大家知道，连孩子都不告诉呢？”记者问张富清。

95岁的张富清看向房间的角落，思绪飘到远方，眼睛湿润了，“和我并肩作战的战士，献出了自己宝贵的生命。一个排、一个连的战士，都倒下了。他们对党忠诚，为人民牺牲。和牺牲的战友相比，我有什么资格张扬呢？”张富清哽咽了，“那些牺牲的场景，至今仍深深留在我的印象里……”

1948年3月，出身贫苦的陕西汉中洋县人张富清光荣入伍，成为中国人民解放军西北野战军359旅718团2营6连一名战士。解放战争进入夺取全国胜利的阶段，张富清担任的是最危险的突击任务。6月，张富清在壶梯山战役中任突击组长，攻下敌人碉堡1个、击毙敌人2名、缴机枪1挺。7月，他在东马村带突击组6人，扫清敌人外围，占领敌人碉堡，给后续部队打开缺口。

1948年11月27日夜，陕西蒲城的永丰战役打响，战斗异常惨烈，官兵伤亡惨重，“一夜之间换了3个营长、8个连长”。作为突击组的成员，张富清带两名队员通过地道接近城墙，抠着墙砖缝隙攀上城墙。他第一个跳下4米多的城墙，敌人迅速包围了上来，他端起冲锋枪一阵猛扫，敌人倒下一片。突然，他感觉头部被重重地砸了一下，用手一摸，头顶一块头皮翻了起来，鲜血流了满脸……顾不得自已，他匍匐逼近敌人的碉堡，用刺刀刨出一个土坑，将捆在一起的8颗手榴弹和1个炸药包放在一起，拉下手榴弹的拉环，迅速撤离。一声巨响，碉堡炸飞。趁着硝烟弥漫，他爬向另一座疯狂扫射的碉堡，用同样的方法，将碉堡炸毁。敌人多次组织反扑，张富清一直坚守，直到部队进城。

战斗胜利结束，张富清再也没有见过突击组另外两名战友。

“勇于从自己开刀，才能开展好工作”

馒头、白开水，张富清一天的生活，是这样开始的。锅里蒸腾的白色水汽与微微熏黑的厨房天花板相映衬，在这间上世纪80年代的屋子里弥漫。

泛黄的窗台、剥落的墙壁，床、书桌、柜子等几件家具，这是张富清离休后待得最多的地方。早晨起来，他看看国际新闻，因病截肢后，他坚持下楼锻炼，和老伴一起买菜，中午带个粑粑回来当中饭。午休后阅读人民日报，晚上准时收看《新闻联播》。

家里的拖把，是张富清把旧衣服剪碎后自制的，餐桌是他用一条凳子加木板拼成的。书桌上，两本翻掉封面的新华字典，被他用透明胶补了一道又一道。多年来，张富清坚持用字典学习，他笑称这是“无声的老师”。桌上还有一本《习近平总书记系列重要讲话读本》，在书的第110页的一段文字旁，他写下：“要不断改造主观世界，加强党性修养，加强品格陶冶，老老实实做人，踏踏实实干事，清清白白为官，始终做到对党忠诚、个人干净、勇于担当。”

个人干净、勇于担当，他是这么要求自己、也是这么要求家人的。

上世纪60年代初，张富清在三胡区担任副区长，按照国家拥军优属政策，妻子孙玉兰被招录为公职人员。自然灾害时期，党和国家贯彻国民经济调整方针，全面精简机构人员，张富清率先动员妻子，辞去公职，从供销社下岗。孙玉兰回忆：“他对我说，要完成任务，领导自己要过硬，勇于从自己开刀，才能开展好工作。”

当保姆、喂猪、捡柴火、做衣服……几个孩子嗷嗷待哺，副区长的妻子为了贴补家用，把能想到的活，几乎都干了。

“你能理解丈夫吗？”记者问孙玉兰。

孙玉兰太了解丈夫了，这么多年，张富清的头上还留着疤痕，腋窝被燃烧弹烧伤，多年后还是一片焦黑，牙齿被炮弹震松，早就脱落。也只有孙玉兰知道，张富清有一把衣柜钥匙，衣柜里锁着他的赫赫战功。

永丰战役中，张富清因作战英勇、贡献突出，荣立军一等功，赢得“战斗英雄”称号。

永丰战役后，西北野战军司令员兼政治委员彭德怀到连队视察，他握着张富清的手说：“你在永丰战役表现突出，立下了大功。”张富清很受鼓舞：“作为一名革命军人、一个共产党员，我做了应该做的，完成了任务，组织上给我这样大的荣誉，我非常激动。”

1948年12月，一封报功书送到张富清的家中。报功书写道：“贵府张富清同志为民族与人民解放事业，光荣参加我西北野战军第二纵队三五九旅七一八团二营六连，任副排长。因在陕西永丰城战斗中勇敢杀敌，荣获特等功，实为贵府之光、我军之荣。特此驰报鸿禧。”

1950年，西北军政委员会颁布了《解放大西北人民功臣奖章条例》，张富清因为功勋卓著，被授予“人民功臣”奖章。

“我还有一条右腿，还可以站起来”

31步，是张富清从床头到客厅的距离。

25级台阶，是张富清从家里二楼到楼下的跨越。

截肢后，这是张富清最熟悉的路线。

88岁那年，张富清因左膝盖脓肿，多地治疗不见好转，只得截肢。他自嘲地说：“战争年代腿都没掉，没想到和平时期掉了。”

张富清决心已定，要站起来，不给人添麻烦。“我还有一条右腿，还可以站起来。”伤口刚愈合，他便用一条独腿做支撑，沿着病床移动，后来慢慢扶着墙壁，练习走路。每一趟下来，汗水把衣服浸透。有时走不好，还容易把自己弄伤。家里墙上，还有他受伤留下的血迹。

就这样，张富清在近90岁的年纪，又一次站了起来。他在助步器铁杆上，架了一根三指宽的木板，用木板固定残腿，用另一只脚支撑走路。他自己洗澡、种花、做饭，有时嫌家人卫生做得不好，他还要再打扫一下。儿女们劝不住他，看着他艰难的样子，只得红着眼睛，用毛巾垫在他的背上，为他吸去汗水……

在子女们的印象中，父亲一直用行动默默影响他们。张富清常跟他们说："我没有本事，也没有力量给你们找工作。我是国家干部，要把位置'站'正。"

大儿子张建国当初有一家国企招工的机会，张富清得到消息，却动员儿子下放林场当知青。"如果我照顾亲属，群众对我怎么看？对党怎么想？"张建国在酉水之滨的扎合溪林场住茅棚、开荒种地、造林植树，一干就是好几年。

小儿子张健全记得，那年高考没有考好，父亲给他写了一封信，鼓励他沉下心来学习，他后来考上了师范学院。"得知消息那天，父亲特别高兴。"

张富清的四个子女，除大女儿长期患病外，两个儿子成为县里干部，一个女儿成为医院职工，均通过全国高考、公开招考等方式，没有一个在父亲任职过的单位工作。

只有一条腿的张富清，"站"得笔直、挺拔。

今年3月2日，新疆军区某红军团、张富清当年战斗的部队，专程派人到来凤，看望张富清。当将士们走进屋子，张富清硬生生用一条腿站了起来，用最标准的姿势，敬了军礼。

一旁的张健全难掩激动，写下当时场景："部队来人了，老兵心中掀起波澜，面对军徽，老兵用一条独腿坚强站立，缓缓举起右手，庄严行上军礼……"

1949年，张富清随队从陕西出发到新疆作战，歼敌骑兵、截击逃敌。渴了，喝雨水雪水，饿了，用钢盔做饭盆，边行军边抓着吃。10月1日，新中国成立，从收音机里得知消息，整个部队都沸腾了，张富清非常高兴，虽然不能到天安门广场亲眼见证开国盛典。在他心中，"共产党是真正为人民、为劳苦大众的，能带领人民过上幸福美满的生活。中华人民共和国站起来了！"

1949年冬季，张富清随部队徒步穿越戈壁到喀什。冬季寒风刺骨，茫茫大漠缺水断炊。狂风骤起，沙石铺天盖地，战士们手挽着手，拽着马尾巴，顽强地继续前进。

1953年，中央军委从全军部队抽调有作战经验的连职以上军官到北京集中，准备入朝作战。从喀什到北京，漫漫长路，张富清和其他战士大都靠步行，双脚皮开肉绽，口鼻经常流血，历经两个多月。到达北京后，朝鲜战争局势缓和，军委便决定对这批部队骨干进行文化补习。从此，张富清努力学习知识，开启建设社会主义的"新长征"……

"党的干部，哪里需要就去哪里"

张富清家的阳台上，整整齐齐排列着12盆仙人掌。花盆是他用一个个小青霉素瓶围成的，一个盆身围4圈小瓶，再用水泥浇灌。他每天松土、浇水、去虫，仿佛是将士检阅整装待发的士兵。

这些仙人掌，也映衬着老人的品格。转业后，张富清经历了社会主义改造、社会主义建设、改革开放等，参与见证了70年波澜壮阔的新中国发展历程。他先后在粮食局、三胡区公所、卯洞公社、外贸局、建设银行等单位工作。

张富清的心中，也不是没有遗憾，刚到来凤时，他在粮管所任职。张富清一头扎到工作中，日夜加班。因为太忙，没能见上母亲最后一面，每每想起，他还是会难受。他在日记中写道：当时国家正处在困难时期，工作任务重，作为一个共产党员、革命军人，绝不能向组织提要求，干好工作，就是对亲人最好的报答。

百福司的百姓，至今记得张富清修的一条路。地处湖北与重庆交界处的百福司，山清水秀，可它的前身高洞管理区，全部村寨都在四面悬崖的高山界上，土连土、田连田、山连山，"办事靠走、喊人靠吼"。张富清听说后，主动来到这里，一边领导生产，一边利用农闲时间，集中力量修路。原卯洞公社党政办主任杨胜友回忆，修路中遇到很多难题，张富清与大家一起抡大锤、打炮眼、开山放炮，和大家一起手挖肩抬。2年多的时间，他既当指挥员，又当战斗员，使海拔1000多米的高洞终于通了公路！

建行的员工，在日常点滴中感受老行长的精神境界。现任建行来凤县支行行长李甘霖提到，张富清眼睛有白内障，需要植入人工晶体。手术前，行领导特意叮嘱，张老是离休干部，医药费全额报销，可以选好一些的晶体。医生给他推荐了 7000 多元到上万元的产品，但张富清听说同病房的农民病友用的是 3000 多元的，也选了跟他一样最便宜的。

李甘霖问他，为什么不选好一点的？老人笑了："现在吃的用的都很好，我很满足自己的生活。我不能再为国家做什么，能节约一点是一点。"

1954 年，张富清从军委航空速成中学毕业。作为战斗英雄和中央军委培养高级干部学校的学员，张富清可以有多种转业选择，可以留在大城市工作，拥有更多发展的机会，可以回到陕西老家，给母亲尽孝。但张富清一句"党的干部，哪里需要就去哪里"，便主动选择了湖北最偏远的来凤。

1955 年，他佩戴 3 枚奖章，拍了一张照片，年轻的面庞露出微笑，目光中透着坚定，然后他把鲜血换来的荣誉，用一块红布紧紧包好，放进一口棕色的旧皮箱。从武汉出发，沿着长江，顺着山路，他一路向西，来到"一脚跨三省"的来凤。他背着收拾得整整齐齐的行囊，就像一名普通的转业军人，脚踏大地、扎根人民。

《人民日报》(2019 年 05 月 25 日　02 版)

一次庄严宣誓　一生忠诚不变

程远州

“我一辈子也忘不了我的入党誓言，坚决听党的话，保证完成任务。”

“我是共产党员，哪里有困难，哪里条件艰苦，我就去哪里。”

“党把我培养成一个革命军人、一个国家干部，我就要努力为党、为人民做点事。”

……

眼前的这位老人，说起峥嵘往事，神采飞扬，一开口便是铮铮之言。

95 岁的张富清，是解放战争中冒着枪林弹雨炸掉敌人 4 个碉堡，有着赫赫战功的西北野战军突击队员；是转业时前往鄂西山区，为一方贫穷百姓，默默奉献的基层干部；是在艰苦岁月里藏起战功，甘守清苦，不给党和国家添麻烦的退伍老兵。

在所有的身份中，张富清最珍视的，是一名共产党员。那是 1948 年 8 月，在烽火连天的战场上，张富清火线入党，从此 70 多年的漫漫岁月中，初心不改。带着一名共产党员的赤诚，在战场上张富清舍生忘死，为新中国、为人民不畏困难、勇于牺牲。新中国成立后，张富清夙夜在公，哪里有困难，他就主动去哪里，吃苦耐劳、兢兢业业、不计得失。自家的日子再难，也从不向组织开口。他高度自觉：“我是一名共产党员，要为党和国家分忧，不能跟党讲价钱。”

在所有的身份中，张富清最看重的，是一名革命军人。那是 1948 年 3 月，出身贫苦、做过长工的张富清，成为西北野战军的一名战士，从此数十年如一日，本色不改。带着一名革命军人的忠勇，他冲锋在前，每每有突击任务，总是争先报名，从壶梯山、东马村、临皋到永丰城，他记不得打过多少场硬仗，在九死一生间立下赫赫战功。“一日从军，军魂入骨”。转业到来凤，他主动到当时最偏远、最艰苦的地区，修公路、抓生产，在带头干、迎难上中彰显军人品质。

张富清的故事感动了很多人，人们感动于英雄无言，更感动于一位耄耋老人历经岁月磨炼而始终坚守的初心。

心中有信仰，行动有力量。履职尽责、许党报国是张富清一生的修行，也应该成为每一位共产党员、每一位革命军人的修行。

“为有牺牲多壮志，敢教日月换新天”。从艰难困苦走向胜利辉煌的历史中，无数革命前辈用行动诠释了信仰的力量。新时代，共产党人用信仰的力量，秉持初心，撑起国家强盛、民族复兴的脊梁。

《人民日报》（2019年05月25日　02版）

邱少云

邱少云，男，汉族，中共党员，1926 年 7 月生，四川铜梁人，1949 年 12 月入伍，生前系中国人民志愿军第十五军二十九师八十七团九连战士。1952 年 10 月，他在距敌前沿阵地 60 多米的草丛中潜伏时，为避免暴露任烈火烧焦身体而一动不动，直至壮烈牺牲。朝鲜民主主义人民共和国追授他金星奖章、一级国旗勋章。被志愿军总部追记特等功，授予一级英雄荣誉称号。2009 年当选 100 位新中国成立以来感动中国人物。

中国人民志愿军战士邱少云——

为战斗胜利献出一切

李龙伊

重庆铜梁区邱少云烈士纪念馆前的悼念广场上，一尊手持钢枪、神情坚毅的年轻战士塑像引人注目，他就是家喻户晓的中国人民志愿军一级英雄邱少云。

“从牺牲那天算起，邱少云离开我们已经60多年了，但他的故事没有因为两万多个日日夜夜的间隔而变得模糊。”走进陆军第76集团军某旅九连，指导员杨萌指着一进门的下铺，告诉记者：“邱少云的床铺我们保留至今，每晚点名第一个呼点的都是‘邱少云’，我们都一起答‘到’，如同他没有离开。”

1926年，邱少云生于原四川省铜梁县一个贫苦农民家庭。1949年12月，他参加中国人民解放军。在革命军队里，他认真学习毛泽东著作，在训练之余写下了几万字的读书心得笔记，懂得了很多革命道理，自觉用铁的纪律严格要求自己。

朝鲜战争爆发后，邱少云积极报名参加志愿军。他在入党志愿书中写道：“为了世界革命，为了战斗的胜利，我愿意献出自己的一切！”

1952年10月，邱少云所在部队担负攻击金化以西“联合国军”前哨阵地391高地作战任务。10月11日夜，部队组织500余人在敌阵地前沿的草丛中潜伏，邱少云正是其中一员。12日12时左右，美军盲目发射燃烧弹，一发落在了邱少云的潜伏点附近，草丛立即燃烧起来，火势迅速蔓延到他身上。邱少云身后就是一条水沟，只要他后退几步，就势一翻，就可在泥水里将火苗扑灭。

为了不暴露目标，确保全体潜伏人员的安全和攻击任务的完成，他放弃自救，咬紧牙关，任凭烈火烧焦头发和皮肉，坚持30多分钟，直至壮烈牺牲，年仅26岁。我们的英雄——邱少云就是以这样的意志力，为祖国、为整体、为胜利而忍受了肉体的苦痛，最后献出自己的宝贵生命。

潜伏在这一片草丛里的几十位战士，亲眼看到了这件事情的经过。烈火烧在邱少云身上，就像烧在他们的心上。但是他们也和邱少云一样，为了不暴露目标，不能去救援自己的战友。他们忍受着心灵上的痛苦，等待着战斗时刻的到来。

在其伟大献身精神鼓舞下，反击部队当晚胜利攻占了391高地，全歼美军1个加强连。

为表彰邱少云烈士，上级党委追认他为中国共产党党员，并追授“模范青年团员”称号。中国人民志愿军总部给邱少云追记特等功，追授他“一级英雄”称号。朝鲜民主主义人民共和国最高人民会议常任委员会追授他“朝鲜民主主义人民共和国英雄”称号和金星奖章、一级国旗勋章。

抗美援朝战争结束后，在邱少云牺牲的朝鲜391高地，筑立起一座高高的石壁，上面镌刻着一行鲜艳夺目的红漆大字：“为整体、为胜利而自我牺牲的伟大战士邱少云同志永垂不朽！”

《人民日报》（2019年09月17日　06版）

锻造最硬的骨头

向贤彪

长征途中，担任先头部队的红五师师长贺炳炎不幸中弹负伤，必须马上截肢。当时没有麻药，手术也只能用木工锯子，贺炳炎硬是坚持了下来。手术后，贺龙捡起锯下的几块碎骨，用毛巾包好说："我要把它们留起来，长征还刚刚开始，以后会遇到更大的困难，到时我要拿出来对大家说，这是贺炳炎的骨头，共产党人的骨头，你们看有多硬！"

明朝万历年间一位叫支大纶的进士在《示儿书》中说："丈夫遇权门须脚硬；在谏垣须口硬；入史局须手硬；值肤受之诉须心硬；浸润之谮须耳硬。"这里提到的诸多之"硬"，是古代士大夫追求的人生之境。而作为军人，最重要的特质还须骨头硬。只有骨头硬，才有"明知山有虎，偏向虎山行"的勇敢精神，才有"逢山开路，遇水架桥"的攻坚精神，才有"一不怕苦、二不怕死"的牺牲精神。由这样的军人组成的军队具有一往无前的精神，"它要压倒一切敌人，而决不被敌人所屈服"。

在我军波澜壮阔的史册上，那些骨头比钢铁还要硬的勇士灿若群星。陈树湘掏腹断肠誓死不当俘虏，凌福顺饱受凌迟酷刑而不屈，董存瑞舍身炸碉堡，黄继光用身体堵枪眼，邱少云在烈火中永生，李向群救民于水火不惜死……他们用铮铮铁骨支撑起民族的脊梁，用血性书写了苦难辉煌，用传奇展现了中国军人不可战胜的形象。在各个历史时期，正是千千万万有铁一般信仰、铁一般信念、铁一般纪律、铁一般担当的军人，护佑了今天的和平与发展，换来了明天如金子一般珍贵的机遇与前景。

军人也是肉体凡胎，也有七情六欲，他们的骨头为什么那么硬？是因为他们的骨头里有"钙"。理想信念是军人精神上的"钙"。有钙质的骨头最硬，有信仰的心灵最强大。不管面对何种强敌，也能决然胜利于逆境险境；不管面临多少挑战，也能从容应对实现变革图强。一腔热血勤珍重，洒去犹能化碧涛。一支将信仰与铁质熔入血液的军队，连敌人也只能发出“可怕，太可怕了”的叹息！

“不经寒霜苦，安能香袭人？”军人的骨头并不是天生就硬的，而是在艰难困苦中锻造出来的。当年许多还是娃儿的“红小鬼”参加革命之初，并不知道什么是革命，但经过艰苦磨砺和血与火的考验后，他们的意志得到锻炼，生命得到升华，从而成为一群骨头最硬、意志最坚的人。恰如毛泽东同志所评价的：“别看他外表像个泥人，那泥里包着的可是钢铁。”

“打仗时，抓到俘虏是英雄，生活中，不被俘虏也是英雄。”这是一位战斗英雄说的话。新形势下，我军承担着繁重而艰巨的使命，也面临着和平环境的考验。这种考验看似平静温柔，实则刀光剑影，稍有麻痹和懈怠，酒绿灯红就可能软化我们的骨头，销蚀我们的斗志。只有以理想信念作为压舱石，才能筑牢拒腐防变的思想防线。

“金刚石和石墨都是由碳元素组成，硬度却大相径庭。实现强军梦，需要我们每个人从石墨向金刚石蜕变。”时代先锋李浩的话，道出了当代军人的心声。面对使命敢担当，面对困难勇突破，面对诱惑有定力，军人在烈火中百炼成钢。

《人民日报》（2017 年 07 月 31 日　04 版）

吴良珠

吴良珠，安徽省望江县人，1972 年生，1987 年入伍，1990 年加入中国共产党，生前系中国人民解放军安徽省安庆军分区司令部勤务队汽车驾驶员。1998 年在抵御历史罕见的特大洪灾中，他忍受晚期肝癌病痛，坚持战斗在抗洪抢险第一线。吴良珠从投入抗洪抢险到病倒住院的 50 多天里，始终以生命不息、战役不止的钢铁意志，与洪水进行殊死格斗。同年 10 月 31 日，终因医治无效在合肥逝世，时年 26 岁。1998 年 9 月授予吴良珠“抗洪钢铁战士”荣誉称号；11 月 3 日，南京军区政治部批准吴良珠为革命烈士。

你与长江干堤同在——

记抗洪钢铁战士、一等功臣吴良珠

刘福享　汪应祥　乔林生

6 月下旬到 8 月中旬，是八百里皖江大堤最紧张的抗洪阶段。吴良珠是安庆军分区专业军士、汽车驾驶员。他在 55 个日日夜夜里，平均每天要跑车 300 公里以上。路不好走，经常是一整天一整天地颠簸行进，往返于各个抢险指挥部和险工险段之间，送一线指挥员、送急电、送物资、送记者……仅车胎就换了 4 次，每天的睡眠时间只有两三个小时。

小吴的家乡、同马大堤巩固圩也遭受了水灾。村里人都在搬家，乡亲们捎来口信：良珠，你父母都 70 多岁了，身体又不好，你要早点回来看看啊！

第一次路过家门，是小吴送安庆军分区政委徐如栋到一个险段紧急处理塌方、渗漏问题。徐政委歉意地说："小吴，你看，到了你家门口，却回不去。"吴良珠回答得十分干脆："抗洪任务这么急，我怎么能回去呢！"后来，吴良珠先后 3 次开车经过村口，车上的领导考虑到小吴家的实际情况，主动劝他回去看看，可他一次也没有回家。后来，当他得知家中的财产受到很大损失时，只淡淡地说了一句："大家都一样啊！"

定于今年 10 月份结婚的吴良珠，在整个抗洪抢险的 55 天中，只给离他只有几公里路的对象王慧桃打过一次电话。

8 月 13 日晚，多次联系没有消息，焦急不安的王慧桃终于听到小吴急促的声音："最近抗洪形势非常紧张，晚上我还要上大堤巡查，等抗洪结束后，我再和你联系。"说完，电话就挂断了，两个人通话总共不到 1 分钟。

按理说吴良珠只要把车开好就行了，但他既是驾驶员，又是战斗员，哪里有险情，哪里就有他拼搏的身影。7 月 27 日，同马大堤杨湾闸闸口东西两侧同时出现渗水，在大堤内外洪水落差巨大的压迫下，碗口粗的水柱向闸外喷涌而出。此闸一破，将直接威胁下游 20 多个乡镇 80 多万人口的生命财产安全。紧急关头，小吴和战友们一道投入战斗。他垒堰筑堤，探漏堵涌，与肆虐的洪水搏斗了整整 48 个小时。险情排除后，精疲力竭的吴良珠倒在大堤上睡着了。7 月 31 日，沟口电站出现特大管涌。接到险情报告后，安庆军分区立即组织人员上堤抢险。领导上考虑到小吴连日征战，极度疲劳，命令他在家休息。他执意不肯，说："正值抗洪的节骨眼上，多一个人就多一份力量。"跟随部队赶到现场，小吴奋不顾身跳进齐腰深的洪水中，传递砂袋。刚开始他和战友们的速度不相上下，干到最后，砂袋传递过来时，他的速度明显地慢了下来。当他最后一次接过砂袋时，一头栽倒在洪水里。

同洪水作最后搏斗

连续超负荷、大强度的劳累，使潜伏在吴良珠体内的病魔发作了。身边的战友们发现，他的饭量一天比一天减少，经常用手抚摸肚子。军分区领导多次劝他到医院检查，可他每次只到部队卫生所拿一点止痛药就了事。问他情况，他总是说："胃有点不舒服，没关系。我年轻，睡一觉就好了。"

8 月 3 日上午 8 时，小吴因发高烧在打吊针。当时院内只有小吴开的一台车在家，当他听说中央电视台的两名记者急着要赶往抢险救灾现场，便不顾一切，拔去吊针，驾车直奔广济圩大堤。傍晚，小吴拖着疲惫的身体回到营区，接着输液。医生严肃地对他说："吴良珠，你这是拿自己的生命开玩笑。"

8 月 10 日，小吴冒着 40 摄氏度的高温战斗在江调圩上。1 小时后，他腹部疼痛不止，连站立都困难。他咬紧牙关，用草包顶住腹部，待疼痛感稍轻些，又振作精神干开了。结果，一位民兵发现他累倒在堤脚的砂包上。那天回到军分区已是晚上。半夜，战友赵胜伟一觉醒来，发现小吴不在床上，便四处寻找，见他蹲在车库旁的大树边，双手紧紧抵住腹部，发出轻微的呻吟声。小赵关切地问他："怎么回事？半夜三更跑出来？！"小吴说："肚子有点疼。"

那几天夜里紧急电报特别多，吴良珠主动承担往抗洪指挥部送急件的任务，白天得不到休息的他就更紧张了。战友赵胜伟要求接替吴良珠。吴良珠不让，说："你的车况不好，又不熟悉路线，还是我跑吧！"

8 月 16 日，中央军委主席江泽民发布命令，要求抗洪部队官兵全部上堤死守。军分区徐政委见忙了一天的小吴晚上只喝了一碗汤，不忍心喊他出车。小吴知道情况后，坚决要求出车，并且说："长江大堤的路我熟悉，我去速度快。"于是，他和分区领导先后来到广济圩和枞阳江堤，在大堤上一直干到深夜 3 点多钟才回到营区。这时，小吴发现车子的油不多了，想到明天还要上堤，又顾不上休息，赶到加油站，一直忙到凌晨 4 时才休息。次日一大早，他又上了广济圩大堤。下午 1 时 20 分，小吴和战友们一起参加另一地段抢险战斗，刚迈出几步，他的腹部剧烈地疼痛起来，一头栽倒在大堤上。

钢铁战士钢铁意志

8 月 21 日，安庆军分区门诊部的医生送吴良珠转院检查治疗。临上救护车前，小吴左手按住腹部，右手从上衣口袋里掏出身上仅有的 10 元钱，对战友涂潜生说："早上听广播，全国人民都在捐款支援灾区，我也表示一点心意吧！"小涂不拿他的钱，吴良珠说："我这一去恐怕回不来了！"说着，他双眼溢满泪水。

8 月 22 日，105 医院外科主任吴建斌打开吴良珠的腹腔，他惊呆了：只见肿瘤像葡萄一样遍布整个肝区，其中一个比拳头大的肿瘤已经破裂，出血 700 毫升，肝腹水有 3000 毫升。在场医生简直不敢相信，这样危重的病情，居然在长江干堤上战斗了 55 个日日夜夜，这需要钢铁般的意志和多么坚强的毅力啊！手术无法进行，吴主任帮小吴清理了腹腔积血积水，又把刀口重新缝上。

消息传回安庆军分区，分区领导、干部战士、职工家属失声痛哭。谁能料想到一向结实如牛的吴良珠如今病成这个样子。人们说："他是累成这样的啊！"

当天下午 4 时，吴良珠从昏迷中醒来。本单位的虞伟根协理员对他说："分区那边有事，我不能陪你了，让杨助理员陪你。"吴良珠听了忙问："是不是江堤又发生险情了？"虞协理员连忙安慰他："大堤没事，你就安心养病吧！"虚弱不堪的吴良珠叮嘱虞伟根："别忘了回去代我向抗洪的战友们问好！"

分区政委徐如栋赶到合肥看望吴良珠。吴良珠说："政委，你不要为我太担心了，大堤上还有很多事需要你忙，你回去吧！"回想和吴良珠一起在抗洪一线度过的日日夜夜，望着吴良栋不成形的面容，徐政委当场泣不成声。

8 月 23 日，安徽省军区党委作出决定，批准给吴良珠记一等功并报请南京军区授予他荣誉称号。

8 月 25 日，安徽省委书记卢荣景急匆匆来到病房，他抚摸着吴良珠的身体，激动不已，高度赞扬这位英雄战士在抗洪抢险战斗中挺身而出，用自己的生命、自己的身躯，保卫了长江大堤，保卫了我们人民的生命财产安全。他说，全省军民都要向吴良珠同志学习。

目前，105 医院的医务人员正在尽一切努力抢救吴良珠的生命。皖江两岸的父老乡亲在呼唤吴良珠：你是人民的好儿子，你要与养育了你的滚滚皖江水一样生生不息；军营内外的战友在呼唤：你是我们的好兄弟，你要与你保卫了 55 个日日夜夜的皖江干堤同在啊！

《人民日报》（1998 年 08 月 30 日　01 版）

用生命筑起抗洪“大堤”的钢铁战士

贾启龙

安庆市莲湖公园湖畔，矗立着“抗洪钢铁战士”吴良珠的半身铜像，他的目光深情地投向不远处的皖江。

吴良珠，生前系安徽省军区安庆军分区驾驶员。1998 年，他随部队抗击特大洪水。从投入抗洪抢险到病倒住院的 50 多天里，吴良珠用生命的全部力量，模范践行了党赋予的光荣使命，恪守了一名军人的神圣职责，他始终以生命不息、战斗不止的钢铁意志，与洪水展开殊死搏斗，用生命谱写了一曲革命军人勇于牺牲、勇于奉献的壮歌。

1998 年夏，长江流域遭遇了百年不遇的特大洪水，皖江抗洪形势严峻。6 月，吴良珠参加紧张的防汛工作，开汽车、垒堰堤、堵渗漏、背沙袋……由于过度劳累，他昏倒在大堤上。8 月中旬，腹部连续剧痛的吴良珠被紧急送往医院治疗。当医院为吴良珠实施腹部手术时，发现他患上了晚期肝癌，癌细胞已扩散。

后来，虽经各级全力抢救，与病魔斗争 70 天的吴良珠最终病逝，时年 26 岁。他抱病参加抗洪抢险的事迹，很快传遍大江南北。广大军民以吴良珠为学习楷模争相传颂，广泛掀起了向英雄学习的热潮。

共青团安徽省委授予他“安徽省优秀青年”称号，原南京军区党委做出开展向吴良珠学习活动的决定，中央军委授予他“抗洪钢铁战士”荣誉称号。

如同历史上诸多英模人物一样，吴良珠虽然生命短暂，却名垂青史：他拖着病体，在抗洪抢险第一线战斗了近两个月时间；在家乡遭受严重水灾、父母年迈体弱无人照顾的情况下，他 4 次过家门而不入，仍日夜坚守在抗洪大堤上。即便多次昏倒在大堤上，他始终以钢铁般的意志和毅力坚持抗洪。他那种视死如归的精神，彰显了一名军人对党、国家和人民的满腔赤诚。

“将士受命之日，则忘其家；临阵之时，则忘其亲；击鼓之时，则忘其身。吴良珠就是这样一位为了国家利益和人民安危而忘其家、忘其亲、忘其身的英雄。”安庆军分区政委高峰说。

大地无言，皖江唏嘘。26 岁的生命早已定格，但吴良珠的精神从未消失。英雄远行后，安庆军民自觉争当“吴良珠精神”传人，驻地部队、学校纷纷挂起了吴良珠画像；为了深切缅怀英烈，望江县委、县政府将当地一所小学更名为“吴良珠小学”；每逢重大节日，党政干部、部队官兵和广大群众，都会前往安庆莲湖公园吴良珠雕像前瞻仰学习。

《光明日报》（2019 年 12 月 21 日　04 版）

罗盛教

罗盛教，男，汉族，1931 年 4 月生，湖南新化人，1949 年 11 月入伍，生前系中国人民志愿军第四十七军一四一师直属侦察连文书。1952 年 1 月为救跌进冰窟的朝鲜少年崔莹英勇献身。被朝鲜民主主义人民共和国授予一级国旗勋章和一级战士荣誉勋章。被志愿军总部追记特等功，授予一级爱民模范荣誉称号。2009 年当选 100 位新中国成立以来感动中国人物。

人民英模罗盛教

殷　泓

在朝鲜平安南道成川郡“山”上，耸立着“罗盛教纪念亭”和“罗盛教纪念碑”，碑上镌刻着朝鲜民主主义人民共和国主席金日成的题词：“罗盛教烈士的国际主义精神与朝鲜人民永远共存。”

罗盛教是中国人民志愿军一级爱民模范、伟大的国际主义战士。1931 年生于湖南省新化县一个贫苦农民家庭，1949 年参加中国人民解放军。1950 年 7 月加入中国新民主主义青年团。1951 年 4 月参加中国人民志愿军赴朝作战，任某部侦察连文书。在朝鲜前线，他亲眼目睹美帝国主义对朝鲜人民犯下的滔天罪行，激起了他对侵略者的无比仇恨和对朝鲜人民的深切同情。朝鲜人民对志愿军的深情厚谊，更使罗盛教深受感动。一次，部队在一个风雹交加的黑夜行军，伸手不见五指，一位朝鲜老大娘顶风冒雹地站在那里，手提保险灯为战士们照路，并不断提醒志愿军战士们别掉进泥坑里。罗盛教觉得只有用杀敌立功的实际行动，才能报答朝鲜人民的深情厚谊。他几次要求上前线，可是指导员总是耐心地劝说他：“你的决心是好的，可是革命工作有分工。你现在担任文书工作，对消灭敌人是有保证作用的！”罗盛教更加努力地工作，除圆满完成本职工作外，还经常冒着炮火到前沿阵地为战友送饭、抢救伤员。

一天，连观察所附近的山村遭美军飞机轰炸，他冒着浓烟烈火，抢救出一位朝鲜老大娘和一名儿童。

1952 年 1 月 2 日清晨，4 名朝鲜少年在平安南道成川郡石田里附近的栎沼河上滑冰，其中一个名叫崔莹的少年不慎掉入 2.7 米深的冰窟，另 3 名少年大声呼救。罗盛教出早操后，路经那里，听到喊声，立即向出事地点飞奔。他边跑边脱掉棉衣棉裤，冒着零下 20℃的严寒，纵身跳入冰窟，潜入水中找寻。他两次把崔莹托出水面，都因冰窟周围冰层破裂，又跌入水中。几经周折，他冻得全身发紫，浑身打颤，难以支撑，但仍以惊人的毅力再次潜入水中，用尽最后的气力，把崔莹顶出水面。这时一名战士赶到，遂将崔莹抢救上岸。罗盛教却因气力耗尽，无力浮出水面，献出了宝贵的生命，年仅 21 岁。

1952 年 2 月 3 日，中国人民志愿军领导机关为表彰罗盛教伟大的国际主义和革命英雄主义精神，为他追记特等功，并追授“一级爱民模范”称号。同年 4 月 1 日，中国新民主主义青年团中央委员会追授他“模范青年团员”称号。1953 年 6 月 25 日，朝鲜民主主义人民共和国最高人民会议常任委员会追授他一级国旗勋章和一级战士荣誉勋章。并将其献身的栎沼河改名为“罗盛教河”，崔莹的家乡石田里改名为“罗盛教村”，安葬他的佛体洞山改名为“罗盛教山”。

《光明日报》（2011 年 02 月 14 日　01 版）

铭记伟大胜利　推进伟大事业

——论学习贯彻习近平总书记在纪念中国人民志愿军抗美援朝出国作战70周年大会上重要讲话

人民日报评论员

抗美援朝战争胜利60多年来，在中国共产党坚强领导下，中国发生了前所未有的历史巨变，中国特色社会主义进入了新时代，中华民族迎来了从站起来、富起来到强起来的伟大飞跃。

"今天，我们正站在实现'两个一百年'奋斗目标的历史交汇点上，全面建成小康社会胜利在望，全面建设社会主义现代化国家前景光明。前进道路不会一帆风顺。"在纪念中国人民志愿军抗美援朝出国作战70周年大会上，习近平总书记强调我们要铭记抗美援朝战争的艰辛历程和伟大胜利，敢于斗争、善于斗争，知难而进、坚韧向前，把新时代中国特色社会主义伟大事业不断推向前进。

以正义之师行正义之举。70年前，英雄的中国人民志愿军高举保卫和平、反抗侵略的正义旗帜，同朝鲜人民和军队一道，舍生忘死、浴血奋战，赢得了抗美援朝战争伟大胜利。经此一战，中国人民粉碎了侵略者陈兵国门、进而将新中国扼杀在摇篮之中的图谋，彻底扫除了近代以来任人宰割、仰人鼻息的百年耻辱，奠定了新中国在亚洲和国际事务中的重要地位，人民军队在战争中学习战争，取得了重要军事经验，实现了由单一军种向诸军兵种合成军队转变。这一战，用铁一般的事实告诉世人，任何一个国家、任何一支军队，不论多么强大，如果站在世界发展潮流的对立面，恃强凌弱、倒行逆施、侵略扩张，必然会碰得头破血流。"鉴往事，知来者。"铭记伟大胜利，推进伟大事业，必须坚持中国共产党领导，把党锻造得更加坚强有力；必须坚持以人民为中心，一切为了人民、一切依靠人民；必须坚持推进经济社会发展，不断壮大我国综合国力；必须加快推进国防和军队现代化，把人民军队全面建成世界一流军队；必须维护世界和平和正义，推动构建人类命运共同体。习近平总书记高度概括的这“五个必须”，是抗美援朝战争给予我们的深刻历史启示，对于在新时代新征程上披荆斩棘、奋勇前进具有重大指导意义。

抗美援朝战争伟大胜利再次证明，没有任何一支政治力量能像中国共产党这样，为了民族复兴、人民幸福，不惜流血牺牲，不懈努力奋斗，团结凝聚亿万群众不断走向胜利。前进道路上，只要我们不忘初心、牢记使命，以自我革命精神全面推进党的建设新的伟大工程，不断增强党的政治领导力、思想引领力、群众组织力、社会号召力，就一定能够使党始终成为中国人民最可靠、最坚强的主心骨。只要我们始终坚持人民立场、人民至上，就一定能够激发出无往而不胜的强大力量，不断书写中华民族伟大复兴的精彩华章。“落后就要挨打，发展才能自强。”当前，我国将进入新发展阶段，面对新机遇新挑战，只要我们统筹推进“五位一体”总体布局、协调推进“四个全面”战略布局，坚定不移贯彻新发展理念，构建新发展格局，就一定能够实现更高质量、更有效率、更加公平、更可持续、更为安全的发展，不断创造让世界惊叹的更大奇迹。没有一支强大的军队，就不可能有强大的祖国。只要我们与时俱进加强国防和军队建设，向着党在新时代的强军目标阔步前行，就一定能够为实现中华民族伟大复兴提供更为坚强的战略支撑。中华民族历来秉持“亲仁善邻”的理念，只要坚持走和平发展道路，同各国人民一道推动构建人类命运共同体，就一定能够迎来人类和平与发展的美好未来。

面对前进道路上的机遇和挑战，我们要更加紧密地团结在以习近平同志为核心的党中央周围，增强“四个意识”、坚定“四个自信”、做到“两个维护”，牢记初心使命，坚定必胜信念，发扬斗争精神，增强斗争本领，克服一切艰难险阻，向第二个百年奋斗目标进军！

《人民日报》（2020 年 10 月 25 日　01 版）

黄继光

黄继光，男，汉族，中共党员，1931年生，四川中江人，生前系中国人民志愿军步兵第一三五团二营通信员。1951年3月参加抗美援朝战争。1952年10月20日上甘岭战役中，他在多处负伤弹药用尽的情况下，用自己的胸膛堵住敌人正在喷射火舌的枪眼，壮烈牺牲，年仅21岁。被志愿军总部追记特等功，追授特级英雄荣誉称号。朝鲜民主主义人民共和国追授他英雄称号和金星奖章、一级国旗勋章。2009年当选100位新中国成立以来感动中国人物。

黄继光舍身堵机枪

谢 佼

“爱国奉献，孝顺父母，尊敬兄长，培育子弟……”在四川中江，上百黄氏族人一起诵读“家规十条”，表情无比坚定。“爱国奉献放在家规第一条，是因为没有国，哪有家。天下兴亡，匹夫有责。我们黄氏族人，要永远记住黄继光的丰功伟绩！”

黄继光，四川省中江县人。1931 年生，1951 年 3 月参加中国人民志愿军。作战勇敢，立三等功 1 次。

上甘岭战役，于 1952 年 10 月打响。此战，敌军调集 6 万余人，大炮 300 余门，坦克 170 多辆，出动飞机 3000 多架次，对志愿军两个连约 3.7 平方公里的阵地倾泻炮弹 190 余万发，炸弹 5000 余枚！我方阵地山头被削低两米，而敌军始终未能得逞，反倒被我军歼灭 2.5 万余人，击毁击伤敌机 300 架，击毁大口径火炮 61 门、坦克 14 辆。

黄继光所在营 10 月 19 日夜奉命夺取上甘岭西侧 597.9 高地。部队接连攻占 3 个阵地后受阻，连续组织 3 次爆破均未奏效。时近拂晓，再不拿下高地将贻误整个战机。关键时刻，时任通信员的黄继光挺身而出，请求担负爆破任务，率两名战士攻坚。

黄继光所部的钟仁杰、李继德、万福来等人，均目睹了黄继光牺牲的壮烈一幕：

黄继光等人在距敌火力点不到 50 米的地方被敌人发现，照明弹、探照灯使整个山坡变成了白天，无数条机枪喷射出来的火舌，扫向他们隐蔽的地方，三人相继倒了下去。没过几秒钟，黄继光重又匍匐前进，但动作比原来慢得多。后来才知道，两名战士一死一重伤，黄继光左臂也挂了彩。

距敌火力点只有不到 10 米了！黄继光用右臂撑住身体，扔出手雷，可惜敌机枪只略一停顿。钟仁杰命令全力吸引敌人火力，黄继光顽强机警地爬到了碉堡下，那里是敌人射不到的死角。他蹲了下去，回头朝钟仁杰他们看了一眼，接着一挥手，大声喊了一句话。话音全被枪声淹没了，没有人听清他喊了什么。

这时，只见黄继光猛地站起来，身子向上突地一挺，奋力向碉堡扑了上去，用胸膛堵住了冒着火舌的枪口！

敌人的机枪哑了。战友们喊着“为黄继光报仇”，冲了上去，一举将高地夺了回来。战斗结束后，只见黄继光的胸膛被火药烧黑了，布满了像蜂窝一样的弹洞。在他爬向敌人碉堡的来路，拖着一条 10 多米长的血迹。

战后，黄继光被追认为中国共产党党员，追记特等功，追授“特级英雄”称号，同时被朝鲜民主主义人民共和国最高人民会议常任委员会追授“朝鲜民主主义人民共和国英雄”称号和金星奖章、一级国旗勋章。黄继光烈士遗体安息于沈阳抗美援朝志愿军烈士陵园。

黄继光牺牲后，黄妈妈邓芳芝又将一朵大红花戴在小儿子黄继恕胸前，黄家先后有十余人参军入伍……

今天的中江县城里，在静静流淌的凯江之滨，家乡父老建起了黄继光纪念馆。3 层平台上，挺立着黄继光扑向敌人机枪口的雕塑，像座下宽 35 米、高 9 米的山岩石墙上，刻着邓小平题写的“特级英雄黄继光”，字体遒劲。

馆内 219 件文物藏品，无不让人动容。钢盔、勋章，黄继光生前曾经用过的转盘机枪、牺牲时穿过的血衣、牺牲地的坑木和泥土……一件件实物，让世界永远记住了什么是中国人挺直的脊梁。

《光明日报》（2019 年 07 月 11 日　03 版）

黄继光：一面不倒的战旗

周洪双

前不久，湖北麻城遭遇特大洪灾，空降兵某旅“黄继光英雄连”第一时间奔赴现场，经过连续20多个小时奋战，官兵铺设沙袋5万余个，彻底消除了溃堤风险。

洪水奔涌，河岸上那面写着“黄继光英雄连”的战旗，始终迎风飘扬。指导员吴健说：“每一场战斗都要发扬黄继光精神！”

1952年在抗美援朝战争中舍身堵机枪、英勇牺牲的黄继光，是中国人民志愿军特级战斗英雄。如今，半个多世纪过去了，黄继光仍然是一面不倒的战旗，激励着人们不畏艰险、奋勇向前。

黄继光出生在四川省中江县一个贫苦农民家庭。抗美援朝战争爆发时，他刚20岁。当征兵的队伍来到中江县时，黄继光在村里第一个报名，成为中国人民志愿军的一员。参军后，他因作战勇敢，荣立三等功1次。

1952年10月，上甘岭战役打响。在3.7平方公里的阵地上，敌军用炮弹190余万发、炸弹5000余枚，将阵地山头削低了两米，山顶变成了厚厚的泥灰。敌军未能攻下山头，反被我军歼灭2.5万余人，击毁击伤敌机300架，击毁大口径火炮61门、坦克14辆。

战斗越打越激烈。10月19日夜，黄继光所在营奉命夺取上甘岭西侧597.9高地。敌军拼命死守，志愿军连续组织3次爆破依然未能攻下高地。若到天明仍未拿下高地，将贻误战机。眼见天将拂晓，黄继光挺身而出，请求执行爆破任务。

黄继光等人在夜色下匍匐前进，在距敌火力点不足50米处被发现，随后照明弹将整个山头照得亮如白昼。机枪喷出火舌，扫向黄继光等人隐蔽的地方。在枪林弹雨中，两名战士一牺牲一重伤，黄继光也受了伤。

但黄继光继续匍匐前进，到达了距敌火力点不足10米的地方。他扔出了手雷，却未能奏效。趁着支援火力吸引了敌人火力，黄继光机警地爬到了碉堡下。敌人的机枪火舌还在喷射，黄继光猛地站起来，向着碉堡扑了上去，用胸膛堵住了敌人的机枪口！

敌人的机枪终于停下来了，战友们冲了上去，一举夺回了高地。战斗取得了胜利，碉堡下留下了长长的血迹。

战后，黄继光被追认为中国共产党党员，追记特等功，追授“特级英雄”称号，同时被朝鲜民主主义人民共和国最高人民会议常任委员会追授“朝鲜民主主义人民共和国英雄”称号和金星奖章、一级国旗勋章。

如今，在黄继光的家乡四川中江县，黄继光纪念馆通过实物、图片、组画和模型等，展出了黄继光烈士的生平和英雄事迹。馆内藏品还原了一个真实的黄继光，让无数人为之动容。他的大无畏精神，犹如一面旗帜，引领着一代又一代中国人为中华民族伟大复兴而不懈奋斗。

《光明日报》（2020年08月31日　01版）

向秀丽

向秀丽，女，汉族，中共党员，1933年5月生，广东清远人，生前系广东省广州何济公制药厂工会委员、班长。1958年12月13日晚，所在车间酒精瓶破裂起火，危及烈性易爆的金属钠，为避免金属钠爆炸引起整个厂区和附近居民区的重大火灾，她用自己的血肉之躯截住正在燃烧的酒精，避免了严重爆炸事故的发生，不幸因伤势过重，英勇牺牲，献出了年仅26岁的生命，被誉为“党的好女儿”。2009年当选100位新中国成立以来感动中国人物。

磊落光明向秀丽

岑荔丹

“磊落光明向秀丽
扶危定倾争毫厘
一身正比泰山重
风格如斯世所师”

这是林伯渠同志为纪念抢救国家财产而光荣牺牲的女共产党员向秀丽的题词，正陈列在“向秀丽同志事迹展览会”上。

向秀丽是广州市何济公联合制药厂化工车间的女工。去年 12 月 13 日，这个车间里一个酒精瓶不慎被打翻了，大量酒精给煤炉蒸发的热气燃烧起来，附近堆放着四箱遇火就要爆炸的金属钠，烈火迅速向金属钠烧去，眼看一场严重的事故就要发生了。在这万分危急的关头，向秀丽挺身去扑灭那冲向金属钠的烈火，她的鞋、裤着火了，身上冒烟，火舌紧紧缠着她，她仍然纵身上前扑救。当工厂党支部书记，车间主任闻讯率领工人赶来抢救时，向秀丽已经成了一个火人，他们扑过去为她灭火，她在奄奄一息中仍然挣扎着说：“别管我，快去抢救金属钠……。”

这一场严重的事故被抢救过来了，但是，年轻的共产党员向秀丽受了严重的烧伤。她的上衣烧得只剩下衣领，外裤只剩下裤头和左边的口袋，全身皮肤除了颈部以上和裤带部分外，全都烧伤了，双腿和左手的肌肉烧得焦黑。当人们在“向秀丽同志事迹展览会”里看到她被烧毁的衣、裤和她烧伤后的照片时，许多人不禁热泪盈眶。

在身负重伤到医院里后，向丽秀也处处表现了共产党员崇高的品质。她清醒后看到党支部书记，第一句话就问：“金属钠有没有爆炸，工厂有没有受到损失？”她的妈妈去探望她时，她轻声安慰妈妈说：“没有烧到工厂，我就安乐了。”她的丈夫是个火车司机，当他去探望她的时候，她总是追问：“你怎么还不上班？不要常来看我，行车时不要为想我而思想开小差，免得发生事故。”当她知道党正在全力抢救她，有几百人排着长长的队伍要求为她输血、捐皮，就常常说：“党和同志这样关心我，我用什么来报答呢？”

曾经日夜护理过向秀丽的外科医生邝宇同，在一篇文章中描述了向秀丽在生命垂危的时候，仍然关心别人进步的情形。这是一个晚上，向秀丽的创伤正发生剧痛，邝宇同和她谈起了上海钢铁工人丘财康同严重烧伤作斗争的事迹，她听了感动地说：“我要向丘财康同志学习。”邝宇同说：“我也要向他学习，同时要向你学习，我还是个共青团员！”向秀丽兴奋而恳切地对她说：“邝医生，那你就好好努力，创造条件，争取早日入党吧！”这些话像一股暖流渗透这位年轻医生的全身，她激动地回答：“秀丽，我一定朝这个方向努力！”

在医疗中，向秀丽的伤面只要一被触动，就比刀割还要痛，为了不让大家为她的创伤难过，她顽强地忍受着。去年除夕，医院里举行晚会，向秀丽听到舞曲声，就对医生、护士说：“过新年啦，你们跳舞吧。我现在起不来，将来好了一定跟你们跳。”当医生、护士们果真跳起舞、唱起歌来的时候，向秀丽也高兴地唱起来了。在她生命中最后的一个早上，她凝望着窗外透进来的阳光，仍然满怀希望地问：“医生同志，还有几天我能下床走路，再过几天我能出院工作呢？”护理过她的医护人员都说：只有共产党员，才能有这样坚强的意志和革命的乐观精神。

经过三十三天的全力抢救，这位无产阶级的坚强战士、党的好女儿，终于因伤势过重而光荣牺牲了。在她停止呼吸的前一刻，她用十分微弱的声音，叮嘱丈夫说：“要依靠党……听党的话，永远跟党走。”

向秀丽是在党的培养、教育下，成长为一个无产阶级的光荣战士的。她出生在一个非常贫困的工人家庭里，九岁就给地主当婢女，十一岁就靠做童工过活。解放初期，她才十六岁。党派出工作队到她做工的私营和平制药厂做群众工作。经过工作队的启发、教育，她开始懂得了剥削制度是穷人受苦受罪的根源，认识到共产党是为人民谋幸福的。于是，她在厂里第一个申请参加了工会。1952 年，她被选为和平药厂的工会组织委员和基层工会女工委员。她在工会组织的帮助、鼓励下，提高了工作信心，在“五反”运动中积极参加斗争。“五反”后，不法资本家消极对待生产，工厂原料缺乏，工人生活受到威胁，开展工作有困难，向秀丽这时曾有过消极想法，但在党和工会组织的帮助下，她大胆地向群众揭发不法资本家的阴谋，同职工一起设法开展增产节约运动，使工厂生产恢复正常。她在工厂里是计件工，担任工会干部后，常要占用生产时间做工会工作，因此每月工资由四十多元降为二十多元，上级工会决定设法照顾她，她却坦然地说：“工会工作是为大家的，多困难也得做好，我的工资虽然减少了，但总比解放前好多了。”

在展览会上陈列着一些向秀丽生前阅读过的书籍和她的笔记。两本旧了的书“把一切献给党”“钢铁是怎样炼成的”，是向秀丽在团组织举办的青工学习班时看的。在这个学习班里，向秀丽第一次听到了读到了卓娅、保尔、吴运铎等人的故事。向秀丽从这些英雄人物的身上，受到了深刻的教育。她决心要向他们学习，把自己的青春献给祖国。

不久，她就参加了青年团。

1958 年，向秀丽在党、团和工会组织的培养、教育下，更加迅速地成长起来。这时，她已被调到何济公制药厂做包装工人。工厂里决定试制一种“甲基硫氧嘧啶”新产品，制造这种东西需要使用有强烈爆炸性能的原料金属钠。党支部决定调向秀丽参加试制，她毫不犹豫地接受了。从包装工转为制药工，需要学习相当复杂的制作技术，这对只上过三年多夜校的向秀丽是异常困难的。但她用顽强的精神去苦心钻研，经常虚心请教师傅，只一个多月就初步掌握了各种操作规程。在全市人民大搞钢铁运动中，工厂抽调了部分工人去支援炼铁生产，这时向秀丽带头搬到工厂里来食宿，并和另一个女工罗秀明两人担负起了原来三个人的工作。她们出色地完成了任务，在去年第三季度获得了优胜红旗奖，向秀丽还先后两次被评为季度的优良工作者和先进生产者，10 月份又立了一小功。

在大跃进中，党组织经常关心着向秀丽的进步，她自己也有入党的要求。经过党的培养和考察，她在 1958 年 10 月 31 日，光荣地被接收为中共预备党员。她入党后更加严格地要求自己，更注意联系群众、关心群众。她的同伴罗秀明回忆说：“秀丽入党后更加关心我的入党问题了，她对我说：你虽然还有一些缺点，但只要有决心改正，就可以争取入党。”

向秀丽虽然光荣牺牲了，但是她给予人们的影响却一天天在扩大。许多工厂、学校举行了向秀丽的追悼会、事迹报告会。到广州市何济公制药厂向党支部表示悼念向秀丽的人们络绎不绝。许多单位和学校开展了学习向秀丽的活动。中共广州市委宣传部、共青团广东省、广州市委负责人，都号召广州市的共产党员、共青团员学习向秀丽的高贵品质。林伯渠、董必武、郭沫若等同志都为纪念向秀丽题词。向秀丽崇高的共产主义精神和舍己为群的英雄形象，将永久活在人们的心上。

《人民日报》（1959 年 03 月 07 日　06 版）

向秀丽活在人们心里

岑荔丹

充满敬意的信件

“烈火毁坏了向姐姐的身体，但永远毁不了活在我们心里的向秀丽。向姐姐的优秀品质和英雄行为，常常展现在我们的眼前，每次的出现都给我们增添了新的力量。当我们在学习中遇到困难的时候，我们就想起了向姐姐是怎样对待困难的，于是我们就感到有一股巨大的力量在推动自己，信心增强了，困难也就吓跑了。”

这是北京外国语学院法文系三年级十八位学生写给向秀丽妈妈信中的话。记者走进向秀丽生前工作的广州何济公制药厂时，看到几个工作人员正在忙碌地整理着一叠叠从全国各地寄来的信件。他们说，自从向秀丽舍身救火的英勇事迹传出去后，像这样充满热情和敬意的来信，每天就似雪片一样地飞来。人们在信里亲热地称呼向妈妈为自己的“好妈妈”，不少少先队员、青年学生还把自己心爱的红领巾、纪念册、自制的向秀丽画像，和争取成为“向秀丽班”“向秀丽突击队”的保证书送给向妈妈，热诚地表示要好好学习向秀丽，把自己锻炼成为具有向秀丽那种有坚强意志，把党和国家利益看成高于一切的人。南昌市电缆厂的青年工人余海钟在来信中还附了一张照片，他在信中说：“亲爱的妈妈，虽然你失去了一个英雄的女儿，但会有千千万万的青年人做您的好儿女的。请您接受我的请求，让我做您的儿子吧！我一定要在学习中像姐姐一样地积极钻研技术，虚心向老师傅学本领；我一定要在工作中像姐姐一样忘我地劳动，永远听党的话，永远跟着党走。”

共产主义的教材

向秀丽事迹展览会已经在广州市青年文化宫展出一个多月了，但是预约参观的人还有二十多万。这天，我随着汹涌的人流走进展览馆时，见到观众中有青年工人、学生、战士、少先队员，也有须发皆白的老年人和背着孩子的家庭主妇。向秀丽的英雄事迹深深地感动了所有的观众，他们有的含着满眶热泪在静听工作人员的讲解，有的拿着笔记本在逐字逐句地记录。他们当中有不少是从广东各地城镇、农村甚至从远隔千里的外省赶来参观的。来自江门市的几个观众，一连到展览会参观了几天，将这里的每一幅图画、每一篇文章都临摹、抄写下来；把展出的各种实物摄成照片，准备带回去展览。中共高要县党校的教师，还把向秀丽的事迹编写成共产主义教材，准备用它来教育后一代。

向秀丽的英雄事迹，的确是极好的共产主义教材。人们参观展览会时，都不禁以向秀丽的共产主义精神来对照一下自己。广州市公共汽车公司六十号青年车车长孙秋在参观了展览会以后，想起自己在党团组织的帮助下，生产上虽然有过一些成绩，当上了先进生产者；但是，他自己却有过不正确的想法：一心想如何提高自己的技术，对社会工作就不大起劲。参观了展览会以后，他激动地说：我决心要像向秀丽一样，做党的好儿女，永远听党的话。

在向妈妈家里

记者到向秀丽家里访问时，向秀丽的妈妈正在和一位上了年纪的女客亲昵地交谈着。起先，我猜想她们可能是亲戚，但是后来向妈妈告诉我说，她们只不过是老邻居。自从她的爱女向秀丽光荣地牺牲了以后，一些认识她的、或不认识她的人对她都照顾得无微不至。当她一个人在家里时，左邻右舍的人常常跑来伴着她，怕她感到寂寞。早些时候，一群特地从湖北省沙市到广州来参观向秀丽展览会的青年，在拜访她时都热情地认她做妈妈，还和她一起照相留念。向妈妈激动地说：现在到处有人叫我妈妈，我真是又感到光荣，又感到安慰。

每天清早，向妈妈刚要拿起菜篮子上街去买菜时，市场上的售货员就把蔬菜送上门来了。她去买米，米店的工友说："向妈妈，你回去吧！我给你送去好了。"少先队员们更是爱戴向妈妈，小北洪桥街小学的一群少先队员，一有空就跑来争着替向妈妈洗衣服、抹地板。

千万个向秀丽在成长

春节以前，珠江大桥工程局第五桥梁工程处发生过这样一桩事：学徒唐文魁是个初中学生，原来认为当装吊工“没出息”。这天，听到了向秀丽的英雄事迹，他痛心地说：“向秀丽把生命献给了社会主义建设事业，我这个初中生为什么不能做装吊工？”有一次，桥墩的钢板桩被潮水淹了，影响施工，他马上跳进寒冷的江水里去缚好钢板桩。学徒李祥炳，家里要他春节时回家，他说：“向秀丽是怎样对待工作的？我怎能放下生产回家呢？”这个工程处有的人原来专拣轻活做，学习了向秀丽的英雄事迹后，现在不但争着干重活，还利用业余时间和假日修道路、卸石料，加速运输工作，2 月份全处超额完成了生产任务。

现在，类似上述的事例正在各地不断的出现。这些事例说明：向秀丽虽然为国家牺牲了，但成千上万的向秀丽正在不断地成长。

《人民日报》（1959 年 04 月 13 日　06 版）

朱彦夫

朱彦夫，男，汉族，中共党员，1933 年 7 月生，山东沂源人，山东省沂源县西里镇张家泉村原党支部书记。1947 年 9 月入伍，经历战斗上百次，在抗美援朝战场上失去了四肢和左眼，3 次荣立战功。退伍后用自己的抚恤金，建图书室、办夜校，帮助农民提高文化素质。担任村党支部书记 25 年，带领群众治山治水、脱贫致富，把一个贫穷落后的山村变成了山清水秀的富裕村。他身残志坚，历时 7 年创作两部自传体长篇小说《极限人生》和《男儿无悔》。荣获全国优秀共产党员、全国道德模范、全国自强模范等荣誉称号。

今生无悔

——记特等伤残军人朱彦夫

杨凤山　宋熙文　张会生　吴亚明　陶俊峰

尽管他拖着残躯作了1000多场报告，告诫年轻一代要自强不息，高擎改革开放的旗帜矢志奋斗，但人们仍然不断约他再作报告，希望聆听他对人生的理解和追求。

尽管他拖着残体撰写了33万字的自传体小说《极限人生》，把他对生活的记忆和领悟全部写在里面，可人们仍然想与他结识，雪片般的来信纷纷飞进他的小屋。

这就是他，朱彦夫，山东淄博沂源县一个失去手脚、失去左眼，头部、背部至今尚留有弹片的抗美援朝特残军人的魅力。了解他的人都说，朱彦夫自重、自立、自强，无私奉献的感人经历，是一曲顽强拼搏进取的时代之歌。他是最可爱的人，也是最坚强的人。

自立不畏难

了解朱彦夫，要从50年代初说起。

在长春军医大学附属医院，昏迷已半年之久的朱彦夫醒了过来。此时他才发现，自己变成了重残人。两只手从腕以下被截掉，两只脚也不见了，左眼成了个"窟窿"，右眼看东西也模模糊糊。

这一年是1952年，朱彦夫才19岁。他是在抗美援朝战场上负伤后被送回国内抢救治疗的。

看到自己以往健全的肌体变得惨不忍睹，他一度产生轻生的念头。医务人员的深情劝解，使他稳定了情绪。随后，朱彦夫被转入山东省荣军休养院。他生性好强，死，没有怕过；难，没有怕过，可最怕吃饭要人喂，走路要人扶，上厕所要人帮。朱彦夫清楚，在休养院优越的环境中，他那残而不废的愿望是难以实现的。于是，他请求离开休养院，回到阔别多年的家乡沂蒙革命老区。他要在学会走第一步路的地方，重新站立起来。

初回到家，母亲还是一口水、一口饭地侍候他。“要生活自理，看样子得另想办法。”他想。他谎称回休养院，藏进院内的一间小屋。用以维持生命和练习生活自立的，是屋里不足 10 公斤的地瓜干、一瓦罐凉水。

他把碗、碟、长把勺、地瓜干摆在面前，一遍遍地“模拟吃饭”。初起的失败是不可避免的。两臂夹起勺子，还没等靠近碗边，勺子就掉了；用嘴叼起，两臂夹紧再舀，又把碗碰翻；好不容易舀上了“饭”，慢慢举起，刚一低头张嘴，就勺翻“饭”撒。一次、二次、三次，一个动作要反复练上几十次、上百次。每“吃完”一顿饭，他都累得大汗淋漓，气喘吁吁。

他装假腿，练习行走同样艰难。先裹衬布，再缠绑带。一只残臂压住一头，另一只残臂缠绕。绕一圈，用牙咬住扯紧，再绕。一不留心，衬布、绑带就会松脱，只好从头再来。一副绑带长达 6 米，如此反复，有时半天时间都绑不好。而更难的还是套上假腿以后系皮带锁扣。那短而粗笨的残臂夹着长长的皮带穿插环扣，就像盲人手持丝线向针孔里穿引一般……终于大功告成，两条假腿都装好了！朱彦夫兴奋地抓过拐杖，一使劲站立起来，刚刚举拐抬腿，就“哐当”一声摔倒在地。假腿被摔脱，一切又得从头开始。

痛苦中，朱彦夫陷入了深深的回忆。1933 年，他出生在这里，1947 年，背着母亲参了军，参加过淮海、渡江等战役，三次负伤，两次荣立战功。1950 年 10 月，他奔赴抗美援朝前线。

朝鲜的那场空前残酷的阻击战更让他难忘。地点是在长津湖以南，一座叫做二五〇的高地。面对数倍于己的敌人，经过两天两夜激战，阵地上只剩下了遍体鳞伤的朱彦夫。他在阵地上来回跑动，交替使用各种武器打击敌人，为胜利争取了时间。

当年连死都不怕，还怕去迎接新生活遇到的困难吗？想到这里，他又鼓起了勇气。四肢的创面先是磨出了鲜血，继而结了痂，又一次磨破，最后变成厚厚的茧子。

就这样，经过了千遍万遍的“重新来”，朱彦夫终于学会了捆绑绷带，装卸假腿，自饮自食，解大小便。县民政局的领导来慰问，才发现他藏在小屋里。此时的朱彦夫伤口感染，流着血水，累得瘫倒在地上起不来。

不久，人们在张家泉村的田间地头看到一位拄着双拐、戴着墨镜的硬汉子。

头雁重垂范

1957 年，站立起来、又补习了文化的朱彦夫被推选为村党支部书记。他决心不让党组织和乡亲们失望。面对张家泉村的恶劣自然条件，要想把群众带上致富路，就是肢体健全的人，也是件难事。不过，全村的党员和群众并没有选错这位领头雁，他们看中的是朱彦夫自强不息、克己奉公的精神。

张家泉村是个缺水村，每逢干旱，老百姓连吃水都很困难。一句顺口溜道出了这个村的困境：“有女不嫁张家村，挑水跑到西山根。去时穿双绣花鞋，回来磨破脚后跟。”解困必须有水。为此，朱彦夫心急火燎。他走山串沟，终于发现村西南半山腰有一股细泉水。

打井开始了，老朱几乎天天都在工地上。有一天下了大雪，他说：“今天太冷了，打斤酒给下井的人喝，让他们暖暖身子。”他照顾别人的身子，却忘了自己的身子。井打到深处，他顺着斜坡来到井下，查水情，看进度。由于坡陡，腿部扭动幅度大、力度强，截肢处被假肢磨得钻心地痛，渐渐地由痛变麻。他想卸下假肢轻松一会，便躲在一旁，使劲用牙咬，用残臂砸，往地上磕，可假肢怎么也卸不开。见此情景，有人急忙跑过去帮忙，才发现寒冰已把他的假肢和伤腿冻结在一起了。

人们再也忍不住了，一位老人抱住朱彦夫哭着说：“你回家吧，由我们来回跑腿，给你说说情况，你在炕头上指挥就行了。”朱彦夫诙谐地笑笑说：“要是两节腿真的长到一块，我还求之不得呢。”人们脱下棉衣轻轻地捂在他的腿上，不由分说把他背回家去。然而，第二天，老朱又出现在井场上。

经过一个冬天的苦干，一口深 6 米、东西长 24 米、南北宽 33 米的大口井终于竣工了。望着地下水咕嘟咕嘟往上冒，人们奔走相告：“咱张家泉村有奔头了。”

第二口、第三口井也打成了。朱彦夫又带领群众把3条大沟用石头砌起来，涵洞泄洪，上面铺土，造出良田100多亩。接着，架电、植树、造林的工程又上了马。五六十年代，张家泉村周围近千亩山地大都光秃秃，如今模样大变，山头是水保林，山腰是花椒和苹果林，地边是桑树，到处郁郁葱葱，生机勃勃。现在，这里已发展成为沂源县的花椒集散地，每年全县外销花椒150多万公斤，张家泉村一个村就占了1/3。

朱彦夫抓生产不遗余力，对精神文明建设也始终抓得很紧，建小学、办夜校。在乡里，张家泉村现在既是物质文明建设的排头兵，又是精神文明建设的典范。乡亲们说，如果没有朱彦夫的大公无私、带头苦干，就不会有张家泉村的今天。

当了25年村党支部书记的朱彦夫笃信一句老话：村看村，户看户，群众看干部。他认为，一个村子搞得好坏，干部是否起模范带头作用是决定性的。

朱彦夫常对家人说："咱家有个特等残废这一个'特'字就够了，绝不容许再有'特'字——特殊公民出现。这，也包括我自己。"

他这样说，也是这样做的。他当村支书25年，工分不记、报酬不要，只靠国家发的几十元津贴过活。上边来人，几乎都是在他家吃饭，由他掏腰包。他常对妻子说："村里的事就是我的事，谁家来个亲朋好友不得吃饭？"

他什么照顾也不要，对乡里乡亲却什么都要照顾。薛文花老人生活困难，朱彦夫牵肠挂肚，常给她送些钱物。见老人的房子漏雨，朱彦夫用自家的麦秸，请人修好。老人见朱彦夫全家吃的是瓜干煎饼，房顶也露着天，禁不住落泪："他大叔，您这是舍了胸膛顾脊梁啊！"

笔耕励后人

写书，写一本自传体小说，是朱彦夫几十年来梦牵魂绕的夙愿。

因为他忘不了，在那血火交融、生死瞬间的朝鲜战场上，身负重伤的刘指导员弥留之际叮嘱他的话："一个连的消亡，在战争史上算不了什么。可要把反侵略战争的历程照实记录成文，传给后代，却是很有意义的。"

他也忘不了，1987年时任济南军区政委的迟浩田同志来看望他，听说他要写一本自传体小说，郑重地向他敬了一个军礼。

他写得很苦很苦。开始用嘴衔笔写，头一拱一拱，半天才能拱出一个字来。经常写得字不成形，反复描多次才能看得清楚。写着写着，口涎就顺着笔杆而下，湿坏了稿纸。接着，他又学用两支残臂夹笔写，用力小了夹不住笔，用力大了，残臂断面神经疼痛，脑胀目眩。后来把两种办法结合起来，嘴衔臂夹，弯腰弓背，摆头摇臂；或干脆把笔绑到右残臂上写。起初一天只能写十几个字，后来增加到几十个字、上百个字。

看着父亲写得这样苦，儿女们心疼了，提出由父亲口述，他们记录。

朱彦夫拒绝了。他说："自己写，更能表达出真情实感。你们记，总好像隔了一层。写出来的文章要对得起先烈、对得起首长才行。"

常年的蜷身埋首写作，长期的心力交瘁，病魔接踵向朱彦夫袭来。先是左眼的空洞里不断往外流粘稠的黄水，且疼痛难忍。继而发起了高烧，心跳加快，冷汗淋漓。经检查治疗，身体稳定了。然而，医生警告说："你患有严重的心脏病，四肢的创面也已经感染。再这样折腾下去，有可能再次截肢，还有生命危险。"

这事被老伴陈希荣知道后，把他的笔、纸藏了起来。朱彦夫心急火燎地"命令"老伴拿出来。老伴不给，朱彦夫便从床上滚到地下，跪在了老伴跟前。

夫妻几十年，陈希荣从未见过他这样。她一把把他抱住，大哭起来。朱彦夫看着为自己操碎了心的妻子，也禁不住流下泪来。

心境稍稍平静后，朱彦夫向老伴道出了他之所以苦苦笔耕的缘由，有一事激励着他必须写下去，这是责任。

一次，朱彦夫去一所中学作报告。报告完了，一个学生来到他的跟前说："朱爷爷，你在上边做报告，挺感动人的。但也有的同学在下边说，当年你们打仗那么拼命，不是太傻了吗？现在人家到处请你作报告，你一请就到，是不是拿了不少钱？"

看似天真的问话，却让朱彦夫血涌气淤。他沉下心来转念一想，这怎么能怪孩子们呢？在拜金主义、享乐主义等坏风气影响下，有的年轻人缺乏理想和信念，有的只图索取不作奉献，这是我们这些人没有尽到教育的责任啊！

一定要把先烈们为了人民的解放事业前仆后继的英雄壮举写出来，一定要把共产党人为国为民的无私奉献写出来，一定要把一个特残军人自强不息、向生命极限挑战的奋斗精神写出来。就是不能出书，作为家史和资料留给子孙，也是有价值的。

朱彦夫又开始了他人生旅途的艰难跋涉。

1996年春天，在朱彦夫居住的沂源县城小院里，枯萎数年的蜜萝重新抽芽吐叶，顽强地伸展开了枝杈。朱彦夫拄着双拐出现在门口，长长地舒了一口气。他历时7年、7易其稿的《极限人生》，出版后已4次加印，每次都很快被抢购一空。

《人民日报》(1997年05月07日　04版)

信念撑起生命之脊

14岁参军入伍，历经淮海战役、渡江战役、抗美援朝等上百次战斗；17岁受伤致残，昏迷93天，动过47次手术，失去双脚、双手、左眼，右眼视力仅0.3。作为一个有功之臣、重残之人，朱彦夫本可躺在荣军医院安享优抚，靠国家养活一辈子，让别人照顾一辈子。

然而，他却拖着重残之躯，在长达25年的光阴中，带领父老乡亲栉风沐雨，治理荒山，兴修水利，把一个穷村改造得焕然一新；在长达7年的光阴中，文盲出身的他，用嘴咬着笔、用残臂抱着笔，用掉约半吨稿纸，出版33万字的自传体小说《极限人生》，被誉为“中国的保尔·柯察金”。

是什么，驱使着朱彦夫如此自强不息、冲锋不止，用有限的生命书写生命的极限？是什么，激励着年已八旬的耄耋老人，到今天依然保持着旺盛的生命力？

是坚强的信念。朱彦夫说过，“只要信念不倒，精神不垮，什么都能扛过去！”“人活着，就得奋斗；奋斗着，就是幸福；奋斗不止，幸福就不断”……这些铿锵有力的话语，就是这位老共产党员的坚强信念。

凭着这坚强的信念，功臣朱彦夫拒绝舒适的“寄生生活”，不向命运低头屈服；凭着这坚强的信念，党员朱彦夫不断为父老乡亲谋福祉；凭着这坚强的信念，老兵朱彦夫顽强冲锋了一辈子，支撑起他脆弱却又坚强的生命之脊。

《人民日报》（2014年04月01日　04版）

钟南山

钟南山，男，汉族，中共党员，1936 年 10 月生，福建厦门人，广州医科大学附属第一医院国家呼吸系统疾病临床医学研究中心主任，中国工程院院士，第十一、十二届全国人大代表，第八、九、十届全国政协委员。他长期致力于重大呼吸道传染病及慢性呼吸系统疾病的研究、预防与治疗，成果丰硕，实绩突出。新冠肺炎疫情发生后，他敢医敢言，提出存在“人传人”现象，强调严格防控，领导撰写新冠肺炎诊疗方案，在疫情防控、重症救治、科研攻关等方面作出杰出贡献。荣获国家科学技术进步奖一等奖和“全国先进工作者”“改革先锋”等称号。2020 年获“共和国勋章”国家荣誉称号。

“共和国勋章”获得者钟南山——

大医精诚写大爱

姜晓丹　贺林平

“人的生命是第一宝贵的”“为了人民的身体健康和安全，我们可以不惜一切代价”……9 月 1 日晚，由中宣部、教育部、国家卫生健康委、中央广播电视总台联合主办的专题电视节目《开学第一课》现场，“共和国勋章”获得者钟南山为全国中小学生上了一堂生动的爱国主义教育课。

84 岁高龄的钟南山现为广州医科大学附属第一医院国家呼吸系统疾病临床医学研究中心主任。从医从教一甲子，钟南山以其专业精神、勇敢担当和仁心大爱，诠释了医者的初心和使命，诚如他在全国抗击新冠肺炎疫情表彰大会上发言时所讲，“‘健康所系，性命相托’，就是我们医务人员的初心；保障人民群众的身体健康和生命安全，是我们医者的使命。”

专业：“科学只能实事求是”

2003 年初，非典袭来之际，情况十分危急。

面对这样一种前所未有的疾病，钟南山以其专业学养和丰富经验，否定了“典型衣原体是非典型肺炎病因”的观点，从而为及时制定救治方案提供了决策依据。

敢于下这个判断，是因为钟南山“查看过每一个病人的口腔”。有朋友悄悄问他：“你就不怕判断失误吗？有一点点不妥，都会影响你中国工程院院士的声誉。”钟南山则平静地说：“科学只能实事求是，不能明哲保身，否则受害的将是患者。”

1936 年 10 月，一名男婴出生在南京一所位于钟山之南的医院，父母为其取名“钟南山”。受从事医学工作的父母的熏陶和影响，长大后，钟南山也走上了学医之路。

上世纪 70 年代末，钟南山赴英国留学。他刻苦学习，在较短时间内取得多项重要科研成果，赢得了国外同行的尊重。学业结束时，面对学校和导师的盛情挽留，钟南山一一谢绝："是祖国送我来的，祖国需要我，我的事业在中国。"

抗击非典期间，钟南山和他的研究团队日夜攻关，终于在短时间内摸索出一套行之有效的救治办法，为降低病亡率、提高治愈率作出了突出贡献。

面对很多荣誉，钟南山总说自己不过就是一个看病的大夫。然而，就是这个不平凡的大夫，无论是面对非典还是新冠肺炎，始终坚持实事求是，每一次面对公众发声，总能以医者的专业和担当传递信心和安全感。

担当："我们不冲上去谁冲上去"

从 17 年前那一句"把最危重的病人转到我这来"，到 17 年后"抗击疫情，医生就是战士，我们不冲上去谁冲上去？"钟南山肩上始终扛着医者的担当。

今年 1 月 18 日傍晚，一张钟南山坐高铁赴武汉的照片感动无数网友：临时上车的他被安顿在餐车里，一脸倦容，眉头紧锁，闭目养神，身前是一摞刚刚翻看过的文件……钟南山及时提醒公众"没有特殊的情况，不要去武汉"，自己却紧急奔赴第一线。

两天之后，1 月 20 日，作为国家卫健委高级别专家组组长，钟南山告知公众新冠肺炎存在"人传人"现象。此后，他带领团队只争朝夕，一边进行临床救治，一边开展科研攻关。疫情防控期间，他和团队先后获得部级科研立项 5 项、省级科研 16 项、市级 5 项，牵头开展新冠肺炎应急临床试验项目 41 项，并在《新英格兰医学杂志》等国际知名学术期刊上发表 SCI 文章 50 余篇，牵头完成新冠肺炎相关疾病指南 3 项、相关论著 2 部。

钟南山不仅为国内的疫情防控立下汗马功劳，也为全球共同抗击疫情积极贡献力量。他先后参与了 32 场国际远程连线，与来自美国、法国、德国、意大利、印度、西班牙、新加坡、日本、韩国等 13 个国家的医学专家及 158 个驻华使团代表深入交流探讨，分享中国经验，开展国际合作。

钟南山是一名医生，又不只是医生。每一次面临相关突发公共卫生事件之际，他既有院士的担当，又有战士的勇猛，总是毫无畏惧地冲锋在一线。

仁心："始终站在治病救人的一线"

如今，钟南山仍坚持每周三上午"院士大查房"、每周四下午半天门诊。周围的工作人员介绍，钟南山在冬天会用手先把听诊器焐热，再给病人听诊，给病人看病时会扶着患者慢慢躺下，等检查完之后，再慢慢扶起来。无论病人多大年纪、何种病情，钟南山都一视同仁。他常说："从医几十年，我最大的幸福，是始终站在治病救人的一线。"

医者仁心，往往就从这样一些细节中流露。

面对新冠肺炎疫情，钟南山知道公众需要专业的指引。他不仅发挥自己在病理学、流行病学等领域的渊博学识，就连如何洗手、戴口罩等细节也要亲自示范、普及；当他看到疫情防控难度增加时，苦口婆心地劝诫人们一定要尊重医学、尊重知识、加强自我隔离。

从"以疾病治疗为中心"到"以促进人的健康为中心"，钟南山近年来一直致力于推动早诊早治，构筑疾病的"防火墙"。他提出既要"顶天"也要"立地"——"顶天"就是要抓住国际前沿理念、攻关国家急需的项目，"立地"就是要能解决老百姓的需求，研发出有效、安全、价廉、方便的器械和药物。

"这么大年纪了，不累吗？""治病救人，就不会觉得很累！"钟南山总是笑答，"父亲曾说过，人的一生在这个世界上能够留下点什么就不算白活。"这句话，他一直记得，也一直在践行。

日前，钟南山入选世卫组织新冠肺炎疫情应对评估专家组，将以专业精神和经验为专家组的工作提供帮助并作出积极贡献。在治病救人的第一线，钟南山始终奔跑并幸福着。

《人民日报》（2020 年 09 月 09 日　06 版）

人民至上　生命至上

钟南山

人民安全是国家安全的基石，人类健康是社会文明进步的基础。面对突如其来的新冠肺炎疫情，以习近平同志为核心的党中央统筹全局、果断决策，坚持把人民生命安全和身体健康放在第一位，全党全军全国各族人民上下同心、全力以赴，取得抗击新冠肺炎疫情斗争重大战略成果，创造了人类同疾病斗争史上又一个英勇壮举。当前，我国基本恢复了正常生产生活秩序，并且实现了疫情的常态化防控。这可以说是一个奇迹。

回顾中国人民抗击新冠肺炎疫情的艰苦斗争，一个个感人细节诠释着人民至上的价值理念，一件件生动事实彰显着生命至上的使命担当。习近平总书记强调："人民至上、生命至上，保护人民生命安全和身体健康可以不惜一切代价。"无论是出生仅 30 多个小时的婴儿，还是 100 多岁的老人，我们都全力救治；优秀的人员、急需的资源、先进的设备，我们都全力保障；所有的救治费用全部由国家承担，所有的救治方案全部用上……为挽救每一个生命倾尽全力，这是我们抗击疫情的普遍共识，人民至上、生命至上是中国抗疫斗争最鲜明的底色。对于广大医务人员来说，自己的工作是"健康所系、生命相托"。这份责任不但成为医务人员在应对突发公共卫生危机时无畏前行的动力，还时刻提醒着医者是人类与病魔斗争的最后一道防线，而这背后就是生命的重量。这次抗疫斗争让我们更加明确：不管是面对急性传染病还是多发、常见及危害大的各种慢性病，保障全国人民身体健康和生命安全，永远是我们公共卫生及医疗战线工作者的首要使命。

生命是宝贵的，生命对每个人来说都只有一次。"人民至上、生命至上"，为抗击疫情斗争取得重大战略成果提供了科学理念。这个理念体现在我们在全国层面将重点放在预防上，不给病毒在全国传播的机会，这样才能把疫情范围和感染人数牢牢控制住。如果放任病毒传播，即使后来有再好的治疗方法也难以控制住疫情。当然，这不是没有代价的。我们果断关闭离汉离鄂通道，实施史无前例的严格管控。为了在我们这样一个拥有 14 亿人口的发展中国家有效控制疫情，我们让一座千万人口级别的城市按下“暂停键”，付出了巨大代价。但生命至上，这是必须承受也是值得付出的代价，因为经济的损失可以补回来，人的生命如果失去就不会再来。

坚持人民至上、生命至上，还需要科技的支撑。习近平总书记指出：“科学技术是人类同疾病斗争的锐利武器，人类战胜大灾大疫离不开科学发展和技术创新。”创新是引领发展的第一动力，科技是战胜困难的有力武器。新中国成立以来，我国医疗卫生事业不断发展，在科技创新的推动下，我国基础医学、临床医学、预防医学、中医药学各个方面都取得了众多举世瞩目的成就。正是这些成就，成为我们抗击疫情的最有力武器。现在，我们正发挥新型举国体制的优势，集中力量开展核心技术攻关。例如，我国疫苗的研发在国际上处在第一方阵。接下来，我们有信心在检测方法、临床救治、疫苗药物等方面通过自身努力以及开展国际合作，取得新进展。在未来，我们将继续依靠科技进步战胜困难、解决问题，为确保“人民至上、生命至上”提供强有力的科技支撑。

《人民日报》（2020 年 09 月 17 日　09 版）

孔繁森

孔繁森，男，汉族，中共党员，1944 年 7 月生，山东聊城人，生前系西藏自治区阿里地区地委书记。1979 年开始，他两次进藏工作，勤政为民，促进当地经济社会发展和民族团结。1992 年底孔繁森第二次援藏工作结束后，被任命为阿里地委书记。为了摸清情况，他探索带领群众脱贫致富的路子，跑遍了全地区 106 个乡中的 98 个，行程 8 万多公里，与藏族群众结下了深厚友谊。1994 年 11 月，完成任务返回阿里途中遭遇车祸，以身殉职，被追授为模范共产党员、优秀领导干部称号，荣获改革先锋、全国民族团结进步模范、全国先进工作者等荣誉称号，2009 年当选 100 位新中国成立以来感动中国人物。

领导干部的楷模——孔繁森

新华社记者　人民日报记者　西藏日报记者　大众日报记者

也许，岁月能改变山河，但历史将不断证明，有一种精神永远不会失落。崇高、忠诚和无私，将超越时空，成为人类永恒的追求。

也许，时间会冲淡记忆，但人们绝不会忘记，20 世纪 90 年代，有这样一位共产党员，他的理想，他的信念，他的人格，他的情操，使千万人的心灵为之震撼。

他，就是原中共阿里地委书记孔繁森。他把自己的一腔热血洒在西藏高原。

两次进藏，历时十载。在党的召唤面前，在人生的选择中，他的精神境界一次次得到升华

1993 年 4 月 4 日，孔繁森告别拉萨赴阿里上任。

越野车载着他，向西急驶而去。车窗外，油画般的高原景色一幕幕掠过：清澈的拉萨河，奔腾的雅鲁藏布江，高耸的雪山，明镜般的湖水……孔繁森热爱西藏的山山水水，但此时却顾不上欣赏这高原美景。伸向远方的莽莽苍苍的路，多么像人生之路。回顾过去的路，思谋未来的路，他的心早已飞向了阿里。

孔繁森先后两次进藏，这时已在高原工作 6 年。按说，他现在应该东进返乡。然而，他却接受了一项更艰巨的任务，驱车向西，奔赴自然条件更恶劣的地区，挑起阿里地委书记的重担。

号称“世界屋脊”的西藏高原，高寒缺氧，气候恶劣，而阿里又是西藏最艰苦的地区。那里平均海拔 4500 米，空气中的含氧量不足海平面的一半，最低气温零下 40 多摄氏度。民主改革前，野蛮的封建农奴制严重束缚了当地生产力的发展，藏族群众的生产与生活长期处于原始状态。民主改革后特别是党的十一届三中全会以来，阿里发生了巨大变化，但由于历史和自然的原因，当地的经济发展仍比其他地区缓慢，群众生活仍比较贫困。那里更需要像孔繁森这样年富力强

的优秀干部。自治区领导同志征求孔繁森的意见时，他坚决而干脆地回答："我是党的干部，服从组织安排。"

像这样的工作调动，孔繁森经历过多次。每一次，他都把党和人民的需要作为自己的唯一选择。

孔繁森 1944 年出生在山东聊城一个贫苦的农民家庭。在党的培养教育下，他参军、入党，后来转业到地方工作。1979 年，国家要从内地抽调一批干部到西藏工作，当时担任中共聊城地委宣传部副部长的孔繁森欣然赴藏。他并非不知道西藏天高地远，并非不知道那里生活艰苦，并非不知道远离家乡和亲人意味着什么。但他更清楚地知道，这是祖国和人民的需要，这是党的召唤。

从踏上西藏高原那天起，孔繁森就暗下决心：把自己的一切献给祖国这块神圣的土地，献给勤劳、勇敢的藏族人民。孔繁森进藏本来是作为日喀则地委宣传部副部长选调的，报到后，区党委见他年轻体壮、意气风发，决定改派他到海拔 4700 多米的岗巴县担任县委副书记。征询他的意见，回答仍很痛快："我年纪轻，没问题，大不了多喘几口粗气。"那时，党的十一届三中全会刚刚开过，为了在农牧区推广家庭联产承包责任制，带领群众脱贫致富，他亲自到一个乡试点，又把经验在全县推广。在岗巴 3 年，他几乎跑遍了全县的乡村牧区，每到一地就访贫问苦，宣传党的政策，和群众一起收割、打场、挖泥塘，与当地群众结下了深厚的情谊。有一次，他骑马下乡，从马背上摔下来，昏迷不醒。当地的藏族群众抬着他走了 30 里山路，把他送到医院抢救。当他从昏迷中醒来时，看到很多藏族群众守护在身边。1981 年，孔繁森奉调回山东离开岗巴时，藏族同胞依依不舍地含泪为他送行。

在西藏工作 3 年，孔繁森深深爱上了这片壮丽、神奇的高原，深深爱上了这里的藏族人民。同时，他也深深感受到当地群众要求改变贫穷面貌的迫切愿望。回到山东后，他曾表示："我这条命，是藏族老百姓给捡回来的。如果有机会，我愿再次踏上那片令人终生难忘的土地，去工作，去奋斗！"

光阴似箭。1988 年，工作几经调动的孔繁森已担任聊城地区行署副专员。这时，又一次严峻的考验摆在他面前。

这一年，山东省在选派进藏干部时，认为孔繁森政治上成熟，又有在西藏工作的经验，便准备让他带队。组织上问他有什么困难，他还是那句话："我是党的干部，服从组织安排。"其实，孔繁森心里很清楚，家里确有不少困难：自己的身体状况不如从前了；年近九旬的老母，生活已不能自理；三个孩子尚未成年，需要有人照看；妻子动过几次大手术，体弱多病。自己一走，全家的生活重担又要压在妻子一人肩上。他不会忘记第一次进藏时家里的情景，里里外外都是妻子操劳。有一次，她去刨地瓜，五岁的儿子没人照看，掉进地窖里爬不上来……孔繁森觉得对不起妻子，对不起孩子。

一天，孔繁森对妻子王庆芝说："我带你和孩子们到北京玩几天吧！"妻子感到很奇怪：别说是去北京，就是在聊城，繁森也从来没闲空陪自己和孩子们出过门，这一次是怎么了？带着疑惑的心情，王庆芝和孩子们跟着他到了北京，游览了天安门和长城。途中，孔繁森话里有话地对妻子说："到了北京，就等于走遍了全国。以后我无论走到哪里就像到北京一样，你和孩子们别牵挂。"听了这番话，王庆芝似乎有了某种预感。从北京回到聊城后，孔繁森一直在想怎样对妻子开口。一天夜里，他终于鼓起勇气说："庆芝，组织上又安排我进藏了……"话还没说完，王庆芝的眼泪已像断了线的珠子滚落下来。看着妻子难过的样子，孔繁森的心里也一阵阵发酸。他动情地说：

"庆芝，我欠你的太多太多了！等从西藏回来，我一定会加倍地补偿。"

"你就放心去吧"，王庆芝抽泣着说，"一个人出门在外，好好保重身子。"在那些日子里，王庆芝一边为丈夫收拾行装，一边悄悄地抹泪。要走了，孔繁森默默地站在母亲面前，用手轻轻梳理着母亲那稀疏的白发，然后贴在老人的耳朵旁，声音颤抖地说：

"娘，儿又要出远门了，到很远很远的地方去，要翻好几座山，过好多条河。"

"不去不行吗？"年迈的母亲抚摸着他的头舍不得地问。

"不行啊，娘，咱是党的人。"孔繁森的声音哽咽了。

"那就去吧，公家的事误了不行。多带些衣服、干粮，路上可别喝冷水……"

想到也许这是同年迈多病的老母亲的最后一面，孔繁森再也抑制不住内心的感情，"扑通"跪在母亲面前："自古忠孝不能两全，娘，您要多保重！"说完，流着眼泪给母亲深深磕了一个头。

无情未必真豪杰。为了党的事业，孔繁森把对家乡、对亲人的爱深深地埋在心底，把博大无私的爱献给了祖国和人民。

1988 年，孔繁森第二次进藏后任拉萨市副市长，分管文教、卫生和民政工作。任职期间，他跑遍了全市 8 个县区的所有公办学校和一半以上乡办、村办小学，为发展少数民族教育事业殚精竭虑。1991 年，一次车祸把他摔成了严重的脑震荡，颅骨骨折，高烧昏迷。住院治疗期间，一天，他得知一所学校发生了问题时，便不顾高烧未退、眼睛充血，骑着自行车赶到学校现场处理。在他和全市教育工作者的共同努力下，拉萨的适龄儿童入学率从 45% 提高到 80%。这一次，听说孔繁森要延长在藏时间到阿里工作，有的同志劝他：你是山东的干部，已经先后两次进藏，该吃的苦也吃了。凭你的政绩和能力，回去一定可以干得更好、进步得更快。听了这话，孔繁森的神情顿时严肃起来："怎么能说我是山东的干部呢？我们共产党员无论在哪里工作都是党的干部。越是边远贫穷的地方，越需要我们为之去拚搏、奋斗、付出，否则，就有愧于党，有愧于群众。"

从拉萨到阿里地委、行署所在地狮泉河镇，将近 2000 公里坎坷不平的路程。孔繁森离开拉萨两天后，进入阿里地区措勤县境。藏北大草原那雄浑、壮美的景色展现在他面前：远方，绵延起伏的雪山在蓝天的映衬下格外壮丽，广袤无垠的草原一直伸展到遥远的天际。近旁，一座座用石块垒成的玛尼堆披挂着祈祷吉祥的五彩经幡，一堆堆高寒地带特有的红柳丛在阳光下像火一样耀眼。天空，时而白云朵朵，时而乌云密布；原野，时而大雪纷飞，时而风沙弥漫……

孔繁森是一个感情丰富、兴趣广泛的人，喜爱读书、写诗和摄影。眼前这一切，使他激动不已。为了祖国西南边陲这神圣的土地，多少先辈曾在这里奋斗拚搏、流血牺牲。如今，党把自己派到这里，这是多么光荣而又艰巨的使命。一种崇高的责任感和神圣的使命感在他心中油然而生。

进入阿里地界，孔繁森的调查研究也开始了。当天夜里，他风尘仆仆地到达措勤县委所在地。第二天上午，他不顾旅途劳累，召集县委、县政府的干部开会，听取汇报，并结合贯彻党的十四大会议精神，商讨如何发挥当地优势，探索适应社会主义市场经济体制的发展途径。随后，他又去看望和慰问驻当地的武警部队官兵。

经过对沿途措勤、改则和革吉三个县的实地调查，孔繁森透过这些地方贫困落后的现状，看到了当地蕴藏的巨大优势，即：丰富的畜产品和矿产品资源。他兴奋地对同行的同志说："随着社会主义市场经济体制的建立，我国的经济必将进入一个新的快速发展时期，对原材料的需求将进一步增长。这对有着丰富资源的阿里来说，无疑是一个极好的发展契机。我们一定要抓住这个有利时机，加快阿里经济发展的步伐。"

为了寻找阿里的发展优势，全地区 106 个乡，他跑了 98 个，雪域高原上留下了他的深深足迹。风雪中，他把自己的毛衣脱给一位藏族老阿妈……

孔繁森到阿里后，40 多封请求调离的报告摆在了他面前。这对人才奇缺的阿里来说，无疑是雪上加霜。

重重心事加上高山反应，使孔繁森彻夜难眠。他索性把住在近旁的地委秘书长叫了过来。没有电，两人就借着手电筒微弱的光亮聊了起来。

孔繁森说："要求调走的那些同志在阿里工作了多年，这本身就是一种奉献。现在，他们申请调离，主要是对阿里的前途缺乏信心。我看，问题的关键是要找到阿里发展的突破口。小平同志说过，发展是硬道理。只要我们用发展这个硬道理来凝聚人心，调动干部们的积极性，为他们提供施展才干的舞台，就一定能把阿里的经济和各项事业搞上去。"

这一夜，他俩谈地区的工作，谈当地的优势，谈阿里的未来，越谈越兴奋。电池用完了再换上一节，炉火不旺了再添上几块焦炭，一直到曙光初露。

4 月 25 日，孔繁森主持召开地委、行署联席会议。他给大家布置的第一项工作就是：解放思想，转变观念，在原有基础上进一步寻找阿里发展的优势，从困难中寻找光明的前途。

会后，孔繁森和地委、行署其他领导成员分头带队到基层调查研究。

到阿里赴任前，孔繁森已把自治区的各有关部门跑了个遍，将阿里地区的自然概况和历年来经济统计数字都抄在笔记本上。为了进一步摸清阿里的情况，他一个县、一个区、一个乡地跑。从措勤到札达，从普兰到日土，实地考察，求计问策，寻找带领群众脱贫致富的路子。在阿里不到两年的时间里，从南方的边境口岸到藏北大草原，从班公湖到喜马拉雅山谷地，全地区 106 个乡，他跑了 98 个，行程 8 万多公里。

阿里地广人稀，面积 30.5 万平方公里，相当于两个山东省，而人口只有 6 万多。有时，开着越野车在空旷的荒野上奔波一天也看不到一户人家、一顶帐篷。饿了，他们就吃口风干的牛羊肉；渴了，就喝口山上流下来的雪水。旅途虽然艰苦，但孔繁森却风趣地对随行的同志说："高原上的水绝对没有污染，是世界上最优质的矿泉水，等开发出来得用美元来买呢！"他那乐观的情绪，常常感染着周围的同志。

有经验的人都知道，在高原生活，一场严重的感冒有时也会夺去一个人的生命。而孔繁森恰恰一到阿里就感冒了，咳嗽不止。为了不耽误工作，他就大剂量地服药。病情重了，就一边输液，一边工作。一个多月下来，体重减轻了 14 公斤。由于过度劳累，他的直肠纤维瘤复发，鲜血浸透内裤，可他一直瞒着别人。等大家都入睡后，他才把内裤换下，悄悄洗干净。

在广泛深入调查研究的基础上，阿里经济发展的思路在孔繁森的脑海中渐渐清晰起来。在地委、行署联席会议上，孔繁森列举了阿里发展的六大优势：畜产品优势、矿产品优势、旅游优势、边贸优势、政策优势、人口少的优势。

"率领群众致富，是我们的天职。每一个党员干部，都应当与人民同甘苦、共命运。这样，我们党才有威信，国家才有希望。阿里虽说偏僻落后，但发展潜力也很大。关键是要带领群众真抓实干。我有信心和全地区人民同舟共济、艰苦创业，共同建设一个文明、富裕的新阿里。"

孔繁森激情满怀的讲话，使在场的干部热血沸腾。

艰难困苦，对于弱者来说是可怕的，而对于坚强的共产党人来说，则往往是一种无声的召唤。沧海横流，方显英雄本色。

1994 年初，正当孔繁森带领全地区人民为实现阿里发展的宏伟蓝图而奋斗时，一场罕见的特大暴风雪席卷了阿里高原。

漫天大雪，吞没了农田、牧场和村庄。凛冽的寒风，把各县受灾的消息传到狮泉河。

"立即行动起来！到灾区去，到群众中去，组织抗灾，恢复生产，重建家园。"在孔繁森的带领下，地委、行署迅速组织了十多个工作组分赴各灾区。厚厚的积雪封死了道路，他们就用铁锹挖，用汽车碾。大家只有一个信念：尽快把党和政府的关怀送到灾区。

在革吉县和改则县，孔繁森目睹了暴风雪给牧民造成的严重危害：大片大片的牧草被冰雪覆盖，成群成群的牲畜因冻饿而死，许多群众陷入缺衣少粮的困境。

孔繁森的心在颤抖！

他挨家挨户地走访灾民，分发救济粮和救济款。风雪中，他高声地鼓励大家："有党和政府在，再大的灾害也压不垮我们。我们一定能帮助大家渡过难关！"

2月26日，孔繁森来到受灾最严重的革吉县亚热区曲仓乡。这里海拔5800米，是阿里最高的一个牧业点。乡党委书记嘎玛钦尧愁眉不展地说："大雪连续下了一个星期，最深的地方没到膝盖。全乡有8人被冻伤，牲畜大部分死亡。"

孔繁森心情沉重地把全乡每户牧民的损失情况一一记在笔记本上，然后用坚定的语气对嘎玛钦尧说："现在的首要任务是保护人。先保人，再保畜，一定要把群众的情绪稳住，团结起来同灾害作斗争，尽量把损失减少到最低限度。"

雪花在凛冽的寒风中狂飞乱舞。一会儿工夫，大家都变成了雪人。人们穿着大衣，还是感到阵阵发冷。脸、手和脚都被冻得失去了知觉。孔繁森看到一位藏族老阿妈把外衣脱给了在风雪中哀嚎的小羊羔，自己却在零下20多摄氏度的严寒中冻得瑟瑟发抖，他的眼睛湿润了。他用手捂住脸，强忍着不让泪水流出来，猛地转身回到越野车上脱下自己的一套毛衣毛裤，递给那位老阿妈。老阿妈伸出已经冻僵的双手，接过那还带着体温的毛衣，嘴唇颤抖着久久说不出一句话。

顶风冒雪，孔繁森背着他每次下乡都随身携带的小药箱，走村串户，慰问受灾群众，给被冻伤的牧民们看病。他早年在部队医院当过兵，粗通医术。来西藏工作后，为了解决当地缺医少药的困难，他做了大量工作。每次下乡前，他都要买上几百块钱的药，为农牧民看病治病。一次，有位70多岁的藏族老人肺病发作，浓痰堵塞了咽喉，危在旦夕。当时，没有其他医疗器械可用，孔繁森就将听诊器的胶管伸进老人嘴里，又对着胶管将痰一口一口地吸出来，然后又为老人打针服药，直到转危为安。

雪越下越大，风越刮越紧。长时间的高山反应，持续不断的超负荷工作，使孔繁森本来就带病的身体更加虚弱。他感到眼前阵阵发黑，身上不住地冒虚汗，但还是坚持着给冻伤的牧民一一做了检查。尔后，又把解决曲仓乡受灾牧民的搬迁、转场和买牛的资金及口粮、油料等问题一一研究落实，直忙到凌晨2点多钟，才躺下休息。

夜，很深很深了。狂风仍在不停地呼啸。奔波劳累了一天的孔繁森躺在帐篷里，剧烈的头疼使他怎么也睡不着。凌晨3时许，他感到心跳加快，胸闷气短，天旋地转。有高原生活经验和医学常识的孔繁森，预感到死神正向自己逼近……

对孔繁森来说，生与死早已置之度外。在赴藏前，他就请人写过“是七尺男儿生能舍己，作千秋鬼雄死不还乡”的条幅。进西藏后，他又写下了“青山处处埋忠骨，一腔热血洒高原”的豪迈誓言。让他放心不下的，是那远在家乡的老母亲和妻子、儿女。昏昏沉沉中，他默念着亲人的名字……想着，想着，泪水挂满了脸颊。他强支起虚弱的身体，打开手电筒，在笔记本上给同行的小梁写下了这样的交代：

小梁：

不知为什么我头痛得怎么也睡不着。人有旦夕祸福。万一我发生了不幸，千万不能让我母亲和家属、孩子知道。请你每月以我的名义给我家写一封平安信。我在哪里发生不幸，就把我埋在哪里……

这一夜，孔繁森终于挺过来了。他，没有倒下。

经过两个月的艰苦奋战，阿里地区的各族干部群众在地委和行署的领导下，终于战胜了雪灾，全地区没有冻死、饿死一个人。但这场雪灾毕竟也给阿里造成了严重的经济损失。雪灾和连续几年的旱灾、风灾，使孔繁森深深感到：光靠救济不能从根本上消除自然灾害的威胁，只有尽快建立起抗灾防灾基地，才能使群众具有抵御自然灾害的能力。他在地委、行署联席会议上提出了这一想法，得到大家一致赞同。

这一年7月，孔繁森在北京参加中央召开的第三次西藏工作会议后，没有立即返回，他要利用这个机会当面向中央有关部门的负责同志陈述想法，争取支持。当时，他母亲正卧病在床，水米不进，家里几次催他回去，可为了阿里地区6万多群众，他只好在心里默默地为母亲祈祷、祝福。

7、8月份的北京，正是酷暑季节，孔繁森顶着似火的烈日，一个部委一个部委地汇报灾情。中午实在热得不行，就到有空调的商店里避一避。饿了，就在附近的小摊上吃碗面条。次数多了，随行的同志难免有些抱怨：在摊上吃，既不卫生，也太简单，而且有失地委书记的身份。孔繁森很动感情地说：“想想灾区那些还在饿肚子的群众，大鱼大肉咱能吃得下吗！”

在北京的20多天里，孔繁森先后跑了十多个部门，每到一处，他都把记录阿里灾情的录像带放给有关同志看，一边放一边讲灾区群众的困难，说那里条件的艰苦，谈建设防灾抗灾基地对阿里的特殊意义，人们无不为他的一片赤诚所感动。

阿里的灾情引起有关负责同志的重视，破例为阿里解决了一大笔救灾款和项目资金。资金落实后，孔繁森的心情却久久不能平静。他知道，西藏和平解放40多年来，中央对西藏的财政补贴和基本建设投资累计达200多亿元。这次西藏工作会议上，又确定了总投资23.8亿元的62个援藏项目。他感到肩上的担子更重了：中央对西藏这样关心和支持，如果自己做不好工作，怎能对得起党，对得起藏族群众？

返回阿里后，孔繁森向地委和行署干部迅速传达了中央第三次西藏工作会议和自治区党委四届六次全会的精神。他说：“中央关心西藏，全国人民支援西藏，我们怎么办？”他和地委、行署一班人提出，要以“新的精神面貌，新的思维方式，新的工作思路，新的行动姿态，抓住机遇，加快发展，努力开创阿里工作新局面”。

在孔繁森等地委、行署一班人的带领下，阿里的经济有了较快发展。1994年，全地区国民生产总值超过1.8亿元，比1993年增长37.5%；国民收入超过1.1亿元，比上年增长6.87%。一幅全面振兴阿里经济的宏伟蓝图，正在这雪域高原上成为现实：

——2000千瓦的朗久地热电厂重新发电，高原的夜晚不再漆黑，明亮的灯光同天上的星星交相辉映；

——年产值可达上亿元的山羊绒梳绒厂和鱼骨粉加工厂、硼矿脱水厂、水泥厂等相继在空旷的荒原上拔地而起，隆隆的机器轰鸣声打破了千年的沉寂；

——随着普兰、什布奇口岸的开通，至边境强拉山口公路的竣工，阿里高原向世界进一步敞开了开放的大门……

三个藏族孤儿，900毫升鲜血。他向人民奉献的是比血还浓的炽热情感，是博大、深沉和无私的爱摆在记者面前的，是解放军西藏军区总医院血库一张献血证明，上面写着：

兹有孔繁森同志于1993年曾先后三次来我库自愿献血900毫升，已按医院规定付给献血营养费900元整。

在这张献血证明的背后，是一个催人泪下的故事——

1992年，拉萨市墨竹工卡等县发生地震。当时在拉萨任副市长的孔繁森立即赶赴灾区。在羊日岗乡的地震废墟上，三个失去父母、无家可归的藏族孤儿曲尼、曲印和贡桑哭喊着扑到他的怀里。孔繁森抚慰着三个孩子：党，就是你们的亲人。一定会让你们有饭吃，有衣穿，有房子住，还要送你们上学。他嘱咐当地干部务必要安置好这三个孩子。孔繁森紧张地忙于救灾，也一直牵挂着三个孩子。不久，他再次来到羊日岗乡，决定亲自承担起抚养这三个孤儿的责任。

一个人孤身在外，又要工作，又要带孩子，辛苦和劳累可想而知。晚上，工作了一天的孔繁森回到家，先要给孩子们做好饭菜，然后再教他们读书认字。夜里，就和孩子们挤在同一张床上。那时，曲尼12岁，曲印7岁，贡桑只有5岁，睡觉时经常把尿撒在床上，他就不厌其烦地换洗床单。节假日，只要有空，他总要带孩子们去商店、逛公园，给他们买衣物，陪他们玩，就像对待他自己的亲生儿女一样。

一天深夜，曲印突然肚子疼得“唉哟，唉哟”叫个不停。孔繁森从睡梦中被吵醒，他爬起来给曲印吃了药，可还是不行。孔繁森着急了，背起孩子直奔医院，整整忙了一夜，直到第二天早上才疲惫不堪地回来。

看到孔繁森一人抚养三个孩子负担太重，拉萨市市长洛桑顿珠领走了曲尼。

生活条件变了，曲印和贡桑吃东西也开始挑剔起来。孔繁森觉察到孩子的这一细微变化，就对办公室的小崔说：

“我想请你把孩子们带回羊日岗乡去看一看。”

“他们的父母都不在了，看个啥呀？”小崔不解地问。

“让孩子们走一走家乡的土路，看一看家乡的山水，再过几天家乡父老乡亲的生活。”说着，孔繁森把曲印和贡桑喊了过来，他抚摸着兄妹俩的头语重心长地说：“记住，永远别忘了自己的家乡，将来长大了，好好建设自己的家乡。”

兄妹俩回家乡生活了5天，回来后好像长大了许多。

尽管孔繁森自己的家庭负担比较重，但每次下乡，他总要把钱分给那些生活贫困的藏族群众，往往刚过半个月，工资就花得所剩无几，有时连交伙食费的钱都不够了。收养孤儿后，经济上更加拮据。过去他一个人，生活上能凑合就凑合，可他不能让孩子们受委屈。

1993 年春的一天，孔繁森悄悄来到西藏军区总医院血库，要求献血。护士看着他那已经斑白的鬓角，婉言劝道："您这么大年纪了，不适合献血。"

孔繁森连忙恳求道："我家里孩子多，负担重，急需要钱。请帮个忙吧！"

护士见孔繁森如此恳切，只好同意他的请求。

殷红的鲜血，从孔繁森的体内缓缓流进针管。这是一位共产党员的鲜血，是从一位日夜操劳的领导干部的血管里流出来的血！

孔繁森生活极其节俭，经常吃的是白饭就榨菜，工作一忙，开水泡馒头和方便面也是常有的事。他穿的许多内衣打着补丁，连块香皂都舍不得买。每次去拉萨回阿里，他总要买上一些价格低廉的生活日用品，因为有地区差价，这样可以省点钱。孔繁森对自己，就是这样节俭、吝啬，而对他人、对藏族同胞，却是那么慷慨大方。在西藏工作的近 10 年时间，他几乎没有往家里寄过钱，省下的工资，大部分花在藏族群众身上。为此，他曾多次流露出对家人的内疚之情。但为了帮助那些有困难的藏族同胞，他只好委屈自己的家人。

孔繁森是清贫的，同时也是富有的。他拥有人世间最美好的心灵，最丰富的情感，最高尚的精神境界。

"太阳和月亮有着同一个母亲，她的名字叫光明；汉族和藏族拥有同一个母亲，她的名字叫中国"——这是孔繁森非常喜爱的一首歌。他曾多次对人这样讲，每当看到藏族的老人，就会想到自己的父母；每当看到藏族的孩子，就仿佛见到自己的儿女。在拉萨当副市长期间，全市 56 所敬老院和社会福利院，他走访过 48 所，把党和政府的关怀、温暖送到孤寡老人和孩子们的心田。

在拉萨市堆龙德庆县桑达乡敬老院里，有个叫琼宗的老人，至今保存着孔繁森送给她的一双棉鞋。老人永远不会忘记那个隆冬的早晨，孔繁森副市长冒着寒风来到敬老院，发现老人的鞋子破了，脚被冻得又红又肿，便心疼地把老人的双脚抱在自己的怀里。第二天，他又托人给老人送去了一双新棉鞋。不久，他又给敬老院的老人们送去了半导体收音机。接过孔繁森自己掏钱买的收音机，老人们的眼睛湿润了。一个叫旺姆的老人激动地对孔繁森说："还是新社会好哇！要是在解放前，像您这样的崩布拉（当官的）连见都见不到呀！"离开敬老院时，老人们自动站成一排，依依不舍地为他送行。

有一次，孔繁森到拉萨市林周县阿朗乡敬老院看望孤寡老人。走进一个房间，他看到一位藏族老阿爸的脚因烫伤溃烂发炎了，便打开随身携带的药箱，为老人擦洗涂药，然后用纱布把脚裹好，还把自己穿的灰色风衣脱下来披在老人身上。临走时，他又掏出身上仅有的30多块钱塞到老人手里。老人感动得直掉眼泪，口中不住地念叨："活菩萨，活菩萨！"

孔繁森在阿里工作时，一天，他到噶尔县门士区检查工作，看到草滩上有几间土坯房，听说那儿住着两位孤寡老人，便走了过去。他推开门，借着火塘的光亮，看见一位藏族老阿妈有气无力地靠在墙上。"阿妈啦，党派我看您老人家来了！"说着，他随手摸了摸放在地上的口袋，糌粑不多了；又摇了摇一旁的酥油茶壶，也快空了。原来，政府给老人的这个月的生活费已经花光了。孔繁森马上掏出200元钱给随行的同志："快去给老人买些茶叶、食盐、酥油和大米来。"说着，他又转身走进另一位孤寡老人的家，只见老人病着躺在一张破羊皮上。孔繁森心情沉重地对区里的干部说："马上请医生来给老人看看病，另外再买块床垫来，要厚，要暖和。"从那以后，只要有人去噶尔县，孔繁森必定要托人给这两位孤寡老人捎些钱、粮食和衣物。

没人能说得清，像这样的事孔繁森做了多少件。有人说，他做的好事就像盛开的邦锦花，洒满草原。也许在有些人看来，这些事太普通，太平凡了。然而，就像那奔腾浩荡的雅鲁藏布江，最初的源头不过是阿里高原上的一条小溪，正是这点点滴滴的平凡小事，铸就了一个共产党员品格的崇高和伟大。

"冰山愈冷情愈热，耿耿忠心照雪山。"正如孔繁森在一首诗中所写，他把自己一颗火热的心献给了西藏高原，献给了党的事业。他对藏族同胞的爱、对祖国人民的爱，就像高原上的蓝天一样，那样地纯洁，那样地深沉，那样地博大。他始终在努力实践着自己最喜爱的那句名言："一个人爱的最高境界是爱别人，一个共产党员爱的最高境界是爱人民。"

令人痛惜的意外事情发生了。

1994 年 11 月 29 日，孔繁森在去新疆塔城考察边贸的途中，在一场车祸中不幸殉职，时年 50 岁。噩耗传到阿里，传到拉萨，传到山东，人们简直不敢相信。

“出师未捷身先死，长使英雄泪满襟。”

人们在料理孔繁森的后事时，看到两件令人心碎的遗物：一是他仅有的钱款——8.6 元；一是他的“绝笔”——去世前 4 天写的关于发展阿里经济的 12 条建议。

这就是孔繁森留下的遗产，这就是一个共产党员的高尚情怀！

雪山含悲，江河呜咽。

许多人站在孔繁森的遗像前泣不成声，泪如雨下。数不清的哈达敬献在他的灵前，堆得像洁白的雪山。

在阿里，在拉萨，在聊城……成千上万的人在呼唤着同一个名字——孔繁森。

“波拉，波拉（爷爷）！您不能走，我们舍不得您哪！”孔繁森收养的两个藏族孤儿，捧着他的遗像哭干了眼泪，哭哑了喉咙。

“孔书记，我的好书记，让我替您去死吧！”孔繁森身边的一位工作人员双膝跪地，两手深深插进墓穴的黄土，嚎啕大哭，悲痛欲绝。

一位藏族老人匍匐在孔繁森的灵前，大声哭喊：“孔书记，您不该去呀！您对阿里恩重如山，我们不能没有您啊！”

阿里的一个画家虔诚地跪在孔繁森的遗像前，一边落泪，一边为他画像。画了一夜，也哭了一夜。当画稿完成后，他将画笔折成两截……

“一尘不染，两袖清风，视名利安危淡似狮泉河水。二离桑梓，独恋雪域，置民族团结重如冈底斯山。”

——一幅幅低垂的挽联，诉说着人们的巨大悲痛，倾吐着人们的无限哀思和崇敬之情。

就像那许许多多把自己的青春、热血和生命都献给了西藏高原的先辈那样，党和人民的好儿子孔繁森，也把他那高大的身躯融入这片壮丽、神奇的土地，在无数人的心中树起一座不朽的丰碑。

《人民日报》（1995 年 04 月 07 日　01 版）

从孔繁森到龚曲此里

贾　永　刘永华

纵然苍天会老，大地会变，但总有一种不变的精神，会永远令高山仰止、大地起敬。这，就是崇高、忠诚和无私。今天，在龚曲此里的身上，我们又看到了这种精神。

捧读这位“香格里拉之子”、这位把生命融入迪庆高原的共产党员的事迹，我们的眼前不由得闪现出另一位同样把生命献给雪域高原的共产党员的高大形象——孔繁森。

孔繁森、龚曲此里——一个是地方领导干部，一个是部队大校军官；一个用毕生的精力投身于带领边疆少数民族脱贫致富的艰难进程，从而无愧于领导干部的楷模的光荣称号；一个把全部的生命奉献给了民族和睦与社会和谐的神圣事业，从而赢得了促进民族团结的优秀干部的崇高荣誉。虽然他们的经历不同、职业各异，虽然他们的工作地点相距千里，但跨越15年的时空，我们依然发现他们的身上有着太多太多的相似。

在他们的心中，党的召唤就是自己的选择。

孔繁森两次进藏，历时十载。面对选择，他的回答坚决而又干脆：“我是党的干部，服从组织安排。”

龚曲此里三次放弃离开迪庆到昆明安家的机会，甚至把一双儿女也留在了高原。2007年，重返高原22年、在分区副司令员岗位上已届10年的龚曲此里到了规定的最高任职年限。面对去留，他又一次选择留在高原的理由简单而又真诚：“留在民族地区，发挥一名藏族干部的作用。”

在他们的人生天平上，职责重于泰山，使命高于生命。

孔繁森视民族团结重如冈底斯山。直到今天，人们的记忆深处还珍藏着他在暴风雪中把毛衣脱给一位藏族老阿妈的动人一幕。

在龚曲此里的心中，峰峰相依的梅里雪山，如同耸立在天地之间的和谐标志。他带病行程5000公里，深入牧场、寺庙，向7万多名各族群众宣讲党的民族政策和宗教政策，直至虚脱得瘫坐在草地上的场景，令人为之动容。

孔繁森最喜爱这样一句名言："一个人爱的最高境界是爱别人，一个共产党员爱的最高境界是爱人民。"龚曲此里常说："一个人心里只要有爱，就要把爱传递给更多的人。"

像每一位心中有爱的人一样，无论是孔繁森还是龚曲此里，他们都深爱着自己的家人，但他们的心中还有一份更炽热、更深沉的爱。正是因为心中装着这样的爱，孔繁森献出900毫升鲜血，抚养从地震废墟上领养的3名藏族孤儿，奉献的是比血还浓的情感；也正是因为这份不变的承诺，龚曲此里先后资助了17名藏族、汉族、纳西族和傈僳族孩子，捧出的是博大无私的爱……直到去世前，龚曲此里还惦记着藏族群众忠木家住进新房没有，还牵挂着给那儿家傈僳族群众准备的年货送去了没有……

即使是面对生死，孔繁森和龚曲此里也同样泰然处之。进藏之后，孔繁森写下"青山处处埋忠骨，一腔热血洒高原"的誓言。病重期间，龚曲此里仍念念不忘高原的社会发展和民族和谐。弥留之际，他留下的遗言是：穿上军装，葬在高原……

从孔繁森到龚曲此里都不是孤立地存在的。也许，他们经历中的某种相似是偶然的，但他们在党的需要面前，在人民的利益面前，所做出的同样选择，却是必然的。我们的党之所以能够永葆先进性，就在于在她鲜红的旗帜下，始终都站立着一批又一批像孔繁森、龚曲此里这样有着同样理想、同样信念和同样追求的共产党人。从他们身上，人们看到了优秀共产党人的高尚情操，这就是：参加革命为了人民，手中有权服务人民，一生一世造福人民。

《人民日报》（2010年4月2日　4版）

草原英雄小姐妹龙梅、玉荣

龙梅，女，蒙古族，中共党员，1952 年 9 月生，辽宁阜新人，内蒙古自治区包头市东河区政协原主席；玉荣，女，蒙古族，中共党员，1955 年 3 月生，辽宁阜新人，内蒙古自治区残疾人福利基金会理事长。1964 年 2 月 9 日，年仅 12 岁、9 岁的龙梅、玉荣，在放牧集体羊群时突遇暴风雪，在零下 37 摄氏度的严寒中，她们追随羊群，与暴风雪搏斗了一昼夜，用生命保护了集体财产，但最终由于冻伤严重落下终身残疾，草原英雄小姐妹成为闻名全国的少年英雄。50 多年来，草原英雄小姐妹在党的教育和关怀下，不忘初心，努力工作，以实际行动回馈祖国和人民。她们的英雄事迹鼓舞、激励了一代代青少年爱国爱家、奋发向上。2009 年当选 100 位新中国成立以来感动中国人物。

不丢公家一只羊

贾立君

40 多年过去了，“草原英雄小姐妹”——龙梅、玉荣身上迸发出来的集体主义精神源泉，依然滋润着人们的心田。

那是 1964 年 2 月 9 日，家家户户都在忙年，12 岁的龙梅和 9 岁的玉荣主动要求替阿爸放羊。

附近草滩被积雪覆盖，姐妹俩便商量把羊群赶到远一点的丘陵。谁想到，中午时分铅板似的乌云铺陈过来，凛冽的西北风疯狂地撕扯着低压的云团……

暴风雪来了！姐妹俩赶紧把羊群往家的方向撵。可是，受到惊吓的羊群顺着风，朝东南方向跑了起来，任凭她们前挡后赶、左拦右堵。羊群跑到哪里，她们就追到哪里，心里只有一个念头：一定要把羊群保护好，一只都不能丢！她俩饿的时候没有可吃的东西，渴的时候就抓把雪舔一舔。

半夜时分，雪渐渐放缓了节奏，慢慢地停息下来。羊群的脚步也慢了，饥肠辘辘、耗尽力气的姐妹俩，无法再迈动冻得僵直的双腿，跌倒在地，不多一会儿便困乏得迷迷糊糊睡了过去。

早晨八九点，惊醒了的龙梅发现妹妹毡靴不见了，足底到脚脖子处结结实实冻了两个大冰疙瘩。眼看羊群走远了，玉荣哭着说：“姐，你别管我，赶紧去追赶羊群吧。”龙梅把妹妹安顿在避风的地方：“姐姐去追羊，要是碰见人了就来救你。”

2 月 10 日上午 11 点左右，邻村牧民在白云鄂博火车站附近发现了羊群和龙梅。经医生检查，龙梅冻伤面积占全身的 15%，冻掉了左脚的大拇指。玉荣冻伤面积占全身的 28.5%，局部冻伤深度达 4 度，不得不在右腿膝关节下和左腿踝关节下截肢。当人们告诉龙梅，384 只羊仅冻死 3 只时，她竟开心地笑了。

1964 年 3 月 12 日，新华社播发通稿《暴风雪中一昼夜》，被《人民日报》等媒体刊播。

3月13日，时任内蒙古自治区党委第一书记、内蒙古自治区主席的乌兰夫同志赶到医院探望姐妹俩，并亲笔题词：“龙梅、玉荣小姊妹，是牧区人民在毛泽东思想教育下，成长起来的革命接班人。我区各族青少年努力学习她们的模范行为和高尚品质！”

一时间，龙梅、玉荣成为全国典型人物，她们的感人事迹相继被改编成话剧、电影、京剧……“草原英雄小姐妹”成为新中国成立以来“集体主义精神”的代名词。

1964年秋天，政府把龙梅和玉荣送到家乡达茂旗政府所在地的百灵庙民族小学读书。

1970年，龙梅入伍，在部队期间被送进包头市医学专科学校和内蒙古蒙文专科学校进修学习。1976年转业到地方，先后任中共达茂旗委副书记、包头市东河区人大副主任。两年前，她从包头市东河区政协主席职位上退休。

玉荣1974年初中毕业后，被保送到内蒙古师范学院学习，两年后到乌兰察布盟教育系统工作。1988年被调任为内蒙古自治区残疾人联合会副主席、执行理事会副理事长，担负残联组建任务。2008年，她任内蒙古自治区政协民族和宗教委员会主任职务。

姐妹俩曾当选为全国人大第四、五届代表；玉荣曾是共青团十一、十二大代表，中国残联一、二、三届代表，还获得过全国扶残助残先进个人、自强模范称号。

（据新华社呼和浩特10月26日电）

《人民日报》（2009年10月28日　05版）

让“草原英雄小姐妹”的精神代代相传

玉　荣

“草原英雄小姐妹”的动人故事为什么会走进各族人民的心灵深处？信仰凝聚人心，心之所向，行之所向，在集体财产处于危难之中，“草原英雄小姐妹”奋不顾身，勇敢保护羊群。今天，她们的精神火种依然是点燃年轻人心中的火把。

仁爱、勇敢、坚韧，这是阿爸阿妈等长辈们传承给我们的宝贵品质，是流淌在我们血液里的基因。蒙古族那种勇往直前的大无畏精神造就了我和姐姐从小不怕困难、敢于担当的坚毅性格，这也是我们能够勇敢地保护着羊群、与暴风雪搏斗的力量源泉。

半个多世纪过去了，我和姐姐的故事至今还在被大家一次次地反复提起，我们的事迹也影响了很多人。我想，大家共同喜爱并推崇的，就是我们对信念的坚守，就是那永不能忘的初心。

党和人民把我们姐妹从普通牧民的孩子，培养成军人、大学生、民族干部，后来又都走上了领导岗位。我们姐妹都是 1970 年入党的，入党以来就严格以党员标准来要求自己。

成为家喻户晓的小英雄之后，万人瞩目。作为公众人物，我们当时的压力也很大。上大学后，我们在党组织的培养下，把压力变成了动力，继续保持单纯、朴实、真诚的品质，对党完全忠诚，并时刻保持为人民服务的信念。

参加工作之后，我们姐妹俩调换过岗位，但都听从组织决定，从不提个人条件。尽管我是一名残疾人，但在工作上、生活上绝不搞特殊化，绝不躺在荣誉上睡大觉，健全人能做到的我都要求自己做到。

改革开放以后，市场经济大潮冲击到了社会的各个角落。曾有一家南方的企业过来跟我们谈，想重金聘请我们作广告代言人，借“草原英雄小姐妹”的知名度为他们的产品做广告，被我们婉言谢绝了。因为我们深深地知道，这是党和人民给予我们的崇高荣誉，是一个时代的精神遗产，容不得有半点儿亵渎和贪欲。

50多年来，我拖着病残的身躯，多次接受了新闻采访、做了许多次的主题演讲和报告，还参加了许多次的公益活动，面向广大青少年弘扬爱国主义、英雄主义、集体主义精神，同样的故事讲了无数次，鼓励别人的同时也在激励着我们自己，为的就是让“草原英雄小姐妹”的精神火种点燃年轻人心中的火把。如今我和姐姐都已退休在家，“草原英雄小姐妹”也变成了老姐妹，但我们仍然继续发挥余热，在家乡筹建了爱国主义教育基地，开展丰富多彩的教育活动，收到了良好的效果。虽然这些事情用去了我们的很多时间和精力，但我们觉得特别值得，我们奉献得心甘情愿！

我们姐妹个人的力量总是有限的，但榜样的力量却是无穷的！无论时光如何流逝，我们身上所承载的时代精神将走出草原、走向永远！今后，只要我们还能动、还能出来走，还能说话，就会继续讲述50多年前我们与暴风雪搏斗的故事，继续让“草原英雄小姐妹”的精神代代相传！

《兴安日报》(2019年10月31日　02版)

麦贤得

麦贤得，男，汉族，中共党员，1945 年 12 月生，广东饶平人，1963 年 12 月入伍，中国人民解放军原 91708 部队副司令员。1965 年在“八六”海战中担任 611 护卫艇机电兵，他在弹片插在头部、脑浆外露、鲜血粘住眼角和睫毛的情况下，仍然坚守战位，保证了机器正常运转和舰艇安全。被国防部授予战斗英雄荣誉称号，2017 年获八一勋章。2009 年当选 100 位新中国成立以来感动中国人物。

人民英雄麦贤得

杨黎光

55 年前，爆炸后的一块高温弹片，烙铁一样扎进了一位战士的头颅，流出的脑脊液和血，糊住了他的眼睛。他从昏迷中醒来，竟在舰艇机舱的黑暗里，靠着一双手，从数千颗螺丝中，摸索着找到了那颗松动的油阀螺丝，用扳手把它拧紧，用身体顶住移位的波箱，让战斗中的舰艇恢复了动力，追上敌舰，最终击沉了它。

于是，一位英雄产生了，他就是被称为“钢铁战士”的麦贤得。

毛泽东主席一直惦念着这位英雄，周恩来总理亲任抢救指挥小组组长，《人民日报》头版头条发表了他的先进事迹，英雄也走进了中小学课本，感动和教育了千千万万的人。

习近平主席也一直惦念着这位老英雄。2017 年的 7 月，中央军委主席习近平亲手为麦贤得佩挂“八一勋章”、颁发证书。

2019 年 9 月 29 日，庆祝共和国成立 70 周年之际，人民大会堂金色大厅，首次中华人民共和国国家勋章和国家荣誉称号颁授仪式隆重举行，习近平主席授予麦贤得“人民英雄”国家荣誉称号。

人们看到了英雄的无上荣光，但那伤后偏瘫引起的蹒跚脚步，是怎样走过人生艰难的几十年？那长长的、歪歪扭扭的脚印，记录了他怎样的人生？

我走进了位于广东汕头英雄的家。麦贤得满面笑容地从一幢老旧的院子里走出来。这是一位身材高大的汉子，尽管已经进入老年，又多年被巨大的伤痛所折磨，但其腰板仍然笔直，仍是标准的军人风貌。

他那步履蹒跚的身影，让我想起了 55 年前的那场海战。

“八六”海战

1965 年，台湾的蒋介石“反攻大陆”进入第四个年头。

8 月 5 日凌晨，台湾国民党海军巡防第二舰队的旗舰——大型猎潜舰“剑门”号和小型猎潜舰“章江”号，由位于台湾高雄的左营军港悄悄驶出。

当天 6 时 10 分，我南海舰队的雷达就发现了已经到达福建东山古雷头和广东南澳交界处海域的国民党军的这两艘军舰。南海舰队司令部命令汕头水警区护卫艇 41 大队的护卫艇 4 艘、快艇 11 大队的鱼雷艇 6 艘，组成突击编队迎敌，指挥员是汕头水警区副司令员孔照年和参谋长王锦。

当晚，当时的总参谋长罗瑞卿向周恩来总理做了报告，周恩来总理立即向毛泽东主席报告。毛泽东主席指示：狠狠教训一下蒋介石。

夜里 23 时，孔照年带领的作战编队到达离东山岛很近的南澳前湾待命。恰在此时，敌舰出现于福建省东山岛兄弟屿海域东南方向约 3.5 海里处。

8 月 6 日凌晨 1 时 42 分，双方开始接触交火。国民党海军的“剑门”号和“章江”号两舰，凭借其火炮射程远，首先向我护卫艇开炮。

孔照年命令艇队展开战斗队形接近敌舰，当指挥艇已经看清敌舰桅杆时，才下令各艇一齐炮击。突击编队连续发动了两次突击和抵近射击，明显压制了敌舰的炮火，并将敌两舰分开。

“剑门”号上有国民党海军巡防第二舰队司令胡嘉恒少将，他是此次来犯的国民党海军最高指挥官。“剑门”号舰长王蕴山一看来了这么多快艇，即向胡嘉恒报告。胡嘉恒命令一边还击，一边向东规避，同时呼叫“章江”号一同规避。

而“章江”号却被 4 艘高速护卫艇紧紧咬住不能动弹，最近的护卫艇离敌舰只有 50 米，充分利用敌舰的射击死角掩护自己攻击敌舰。这时，“章江”号的甲板中弹起火，边还击边后撤。我海军突击编队的 598 艇、601 艇、611 艇和 588 艇，加速冲击堵截，死死咬住。

战斗十分激烈，炮火把整个东山岛以东海域都映红了。深夜隆隆的炮声，甚至汕头海湾都能隐隐听见。

激战中，我 601 艇中了 4 发炮弹，有一颗炮弹在指挥台上爆炸了，一块弹片打进了年轻艇长吴广维的头部，吴广维一头栽倒在指挥台上，不幸牺牲。这时，正在一旁跟艇实习的中队长王瑞昌，立即接过指挥权，继续战斗。

而“章江”号利用这个时机，想加速逃走。孔照年指挥各艇紧紧咬住，战斗空前紧张，炮声中，他的嗓子都喊哑了。

正在这紧张的时刻，611 艇却突然减速了。

何为英雄

611 艇就是麦贤得所在的炮艇。艇长崔福俊此刻正在指挥台上，两眼一片血红，紧紧地咬着“章江”号不放。“章江”号也越发疯狂，回击炮火更加猛烈。“咣！咣！”两发炮弹打到了 611 艇的甲板上，机电军士长杨映松中弹牺牲。“咣！咣！咣！”三发炮弹打来，一发打在了驾驶台上，两发竟然打进了机舱。机舱里的轰鸣声减弱了，611 艇失去了部分动力，速度一下慢了下来。受伤的崔福俊大声对副指导员周桂全喊：“快，快到机舱里去看看。”

周桂全立即下到机舱，机舱里一片漆黑。

611 号护卫艇共有四部主机，当头两发炮弹落在甲板上爆炸后，后机舱的一部主机停转了。此时，机电部门轮机兵麦贤得在前机舱岗位上，前机舱班长黄汝省见快艇动力在减弱，就拉了拉身边的麦贤得，用手电筒射向后机舱。麦贤得穿过一个仅有 40 厘米宽的圆形舱洞，只见后舱罗班长正弯腰紧张地排除故障，麦贤得赶紧过来协助。正在这时，两发炮弹打进了机舱，两声巨响，弹片横飞，罗班长一头栽倒在地……

爆炸后的一块高温弹片，烙铁一样扎进了麦贤得的头颅。这块弹片，后来经过医生检查，发现从右额骨穿进，深入麦贤得的颅内二寸，最后插进左侧的额叶。当即，流出的脑脊液和血，一下就糊住了麦贤得的眼睛，他什么也看不见了，倒在地上昏迷了过去。

受了轻伤的后舱轮机兵陈文乙上前扶起罗班长，摸出一个急救包，包住了罗班长流血的头，将他放在舱板上，又转身去包扎昏迷中的麦贤得。

周桂全看到如此惨烈的情景，一句话也说不出。他急忙从陈文乙手中接过急救包，让陈文乙赶快去抢修停转的主机，自己来包扎麦贤得流血不止的头。

这时，打到前机舱的那颗炮弹爆炸后，另一部主机也停了。

躺在血水中的麦贤得从昏迷中醒来，依稀感到前机舱的轰鸣声好像也减弱了，那里是他的岗位。他感到舰艇航速明显变慢了，他艰难地从地上爬起来，在黑暗中向前机舱摸去。

到达前舱的麦贤得，发现一部主机果然停机了，班长黄汝省倒在血泊中。此时，战艇动力减弱，就如同搏斗之中的人，一下没有了气力。作为战士的麦贤得，明白这意味着什么。他必须要尽快找出原因，并排除它，让战艇重新获得力量。

平时苦练基本功的麦贤得，就是在脑部受到如此严重外伤的情况下，也能从逐渐减弱的机器轰鸣声中判断出，可能是哪处气阀或油阀的螺丝震松了，不是漏气就是哪儿漏油。可是，那么多的气阀，那么多的螺丝，那么多的管道，怎么去找呢?

这时，机舱里一片漆黑，什么也看不见，虽有手电筒，可血和脑脊液又糊住了麦贤得的眼睛，他只能用手去摸查。

过硬的基本功，这时发挥出惊人的力量。麦贤得平时总爱蒙住自己的眼睛，在机舱里千百遍摸探，每一个螺丝和阀门的位置，每一条管道的走向，都熟记于心。今天，就是在几十条管道，上千颗螺丝中，他把那颗松动了的螺丝摸出来了，在黑暗中找出扳手，把螺丝拧紧了。

终于，机器慢慢地恢复了它的动力，可麦贤得又从机器虚浮的轰鸣声中，感受到制动器坏了，发动机马力上不来，舰艇仍然恢复不了高速度。他又用手摸了过去，果然，爆炸的震动使波箱移位了。此时，因流血过多，伤势太重，麦贤得越来越虚脱，他已经没有力气再把波箱复位了，只得将整个身子扑到波箱上，双手死死地压住杠杆。终于，主机有力地震动起来了，战舰迅速恢复了航速。

高大的麦贤得，就是以这个雕塑般的姿势，扑在波箱上死死地压住杠杆，一直坚持到战斗结束。

3 小时 43 分的海上激战，“剑门”号和“章江”号被击沉，我军大获全胜。

搏斗死神

611 护卫艇在击沉敌舰“章江”号的战斗中，一共中了 17 发炮弹。

艇长崔福俊打着手电下到机舱，在那部仍在轰鸣着的主机操纵台上，他看到一个高大的战士，血人一样站在那儿。头上包扎着的绷带，已经被鲜血浸透，殷红的血从绷带里渗透出来。他整个身子压住了波箱，双手紧握着杠杆，一切都在那一刻静止成了一个永恒的画面。

崔福俊上前轻轻地拍了拍麦贤得的肩膀，大声喊道："小麦，小麦——伤得重吗？战斗结束了，我们胜利了，你休息一会儿吧！"

麦贤得没有反应，仍然保持着他那坚守岗位的姿势。

几乎是千疮百孔的 611 艇，在两部主机停机的情况下，艰难地返航。

整个医院都被动员起来了，汕头的老百姓自发地来到医院，排着长队要给伤员献血。

此刻，麦贤得就在这儿，可他什么也不知道，陷入昏迷中。

8 月 8 日上午，医院对麦贤得进行了第一次手术。由于那块弹片扎得太深，从右额骨穿进，到达左侧的颅内，在脑袋上开了一个可怕的血洞，第一次手术没有取出弹片。

8 月 11 日上午，请来了广州军区总医院脑外科专家进行了第二次手术。手术进行了 18 个小时，医生仍然没有找到那块弹片。

这时，麦贤得的英雄事迹传到了北京。毛泽东主席、周恩来总理非常关心麦贤得的救治工作。中央军委决定：马上派直升机将麦贤得和另外三名重伤员送至广州军区总医院。

广州军区总医院成立了专门的救治医疗小组，24 小时护理麦贤得。经过一段时间精心调理，麦贤得逐渐醒来了。

1966 年 5 月 18 日，麦贤得受伤后的第 9 个月，广州军区总医院的专家们决定给他再做一次手术。这场手术进行了 6 小时 45 分钟，主刀的是刘明铎主任，终于把那块钻进麦贤得脑子里，一直在危及他生命的弹片取出来了，麦贤得脱离了危险。

残缺的头盖骨被植入两块有机玻璃替代，直到今天，那两块有机玻璃仍在他的脑子里。

生命是保住了，但严重的脑外伤留下了严重的后遗症，一生都在痛苦地伴随着他：外伤性癫痫、右手无力、偏瘫、行走受限、失忆、语言障碍……

当英雄的光环逐渐淡出人们的视野后，作为一个重残的伤员，他进入了漫长的康复治疗。

在广州军区总医院，最初，他连走路都要人搀扶，生活不能自理。在医护人员的帮助下，他以超人的毅力与命运搏斗，首先重新学习发音吐字，一个字一个词的开始，接着就练习使用左手，以代替因伤致残的右手，然后开始锻炼走路，麦贤得表现得十分顽强。

我从广州军区总医院当年护理麦贤得的护士长的"看护日记"里，看到这样一个细节：手术后的麦贤得，头脑思维还没有恢复到正常人的状态。一天，已经夜深了，病房里很安静，麦贤得却在床上翻来覆去睡不着。忽然他爬了起来，拖着偏瘫的腿出了病房门，一拐一拐地朝走廊走去。值班护士吓了一跳，赶紧追了过去。只见麦贤得来到隔壁的洗漱间，把一个"嘀嗒、嘀嗒"正在滴水的龙头拧紧，回到病房，这才安然入睡。

至今，在我驻港部队的陈列馆里，还保存着麦贤得当年苦练基本功的那副墨镜。那就是为了在黑暗中，能及时找到机器出现的故障。麦贤得戴着墨镜，封闭了自己的视线，一个一个螺丝，一个一个接口用手去摸，用了 5 个月的时间，记住了艇上数千颗螺丝、几百条管道的位置。他在脑部中弹后，还能排除故障，靠的是什么？就是这种一丝不苟。

这种一丝不苟，麦贤得坚持了一生。

在漫长的岁月中，麦贤得拖着他那偏瘫致残的腿，一步一拐，一拐一步，走过了 50 多年的岁月，尽管留下的脚印，歪歪扭扭，但坚定地朝着一个方向，一个英雄的方向。

弱小身影

和麦贤得握手时，我感到他右手的无力，开口也只能说简短的话语："你好！你好！"由于他的语言障碍，采访无法深入。这时从他高大的身后出现了一个人，她就是与麦贤得相濡以沫半个多世纪的妻子——李玉枝。

采访在李玉枝的回忆中展开：四次手术后，麦贤得疗养了几年，最后回到了汕头部队驻地。部队领导根据麦贤得当时的身体状态，将他安排在军械仓库里工作。军械仓库里有一大块空地，麦贤得就在这儿种菜。

麦贤得受伤时还不到 20 岁，这时他已经二十几岁了。部队领导专门请来了广州医学院教授，对麦贤得的身心情况做了一次全面评估，最后的结论是麦贤得可以结婚成家。部队领导首先征求了麦贤得父母的意见，父母亲又找麦贤得谈了一次，麦贤得听后，沉默了半晌，然后摇了摇头，仍然是短句："不行，不行，身体不好，拖累别人。"

部队领导就找到其时的汕尾镇书记，说明了来意，希望能帮助物色一位心地善良、有觉悟、有责任心的姑娘，照顾麦贤得的下半辈子。汕尾镇书记思考再三，最后相中了一位姑娘，这就是当时在海丰县一个公社当妇联干部的李玉枝。

当时的镇委书记将麦贤得的情况给她介绍得很清楚，成不成，由李玉枝自己做主。李玉枝回家将这个情况告诉了自己的父母。妈妈一听就反对，说，嫁过去，要苦一辈子的。可父亲却犹豫着说，麦贤得是为国家受的伤，我们不能不管他。

几个月后，李玉枝作为一名优秀妇女干部，被派到汕头地区党校学习。部队领导得知情况后，就约她与麦贤得见个面，大家相互熟悉一下。

1971 年的 5 月，部队领导将李玉枝接到部队招待所和麦贤得见面。部队领导为了向李玉枝展现麦贤得的身体康复状况，特意精心安排了一场乒乓球赛。看到麦贤得竟然能左右手扣球，这让李玉枝感到十分意外。

接着就是单独见面。透过窗户，李玉枝看到一拐一拐走来的麦贤得，他受伤致残的身体，他与命运搏斗的艰难，触动了这位姑娘心底最柔软的地方，一生都没有抹去。

第一次见面，麦贤得只说了两句话，八个字。

当时的部队领导也实事求是，就说："情况就是这么个情况，你自己决定。"陪同李玉枝来的妇女主任，从女人的角度出发，劝道："不要啦，要辛苦一辈子的。"

这次见面后，李玉枝内心久久不能平静。

一个声音在李玉枝的脑海里越来越清晰：父亲讲得对，英雄也是人，要有人来关心，他为国家受的伤，总得有人来照顾他。

李玉枝做了一个决定，这个决定改变了她的一生，也改变了麦贤得的一生。

李玉枝成了英雄身后那个坚定的影子，她用自己的一生支撑着英雄高大的身躯没有倒下，并相依相伴走过了几十年。

1972 年的 6 月 1 日，李玉枝与麦贤得结婚了。没有新房，就在招待所里，也没有婚床，两张单人床拼到了一起。没有红花，甚至连“喜”字都没有贴一个，只买了几斤糖。

婚礼仪式的高潮，是麦贤得断断续续地唱了京剧样板戏《沙家浜》里的那段“要学那泰山顶上一青松”，仍是一个英雄的形象。李玉枝回唱了一段，同样是京剧样板戏《智取威虎山》中的“共产党员时刻听从党召唤”，在那时都是心声。

婚后的最初生活，谈不上美好。婚后的第一个困难，就是理解麦贤得的语言。弹片损坏了他的语言中枢，使他不能完整表达所要讲的意思，他能说的话又极短，而且口齿不清，一急就更讲不清，可是有着严重脑伤后遗症的他，又很容易激动，讲了几次李玉枝没有听懂，他就发急。夫妻俩在进行着艰难的磨合。

然而这还不是最大的困难。很快，更大的事让新婚中的李玉枝措手不及。一天深夜，麦贤得突然癫痫发作，身体僵直，浑身抽搐，口吐白沫，大小便失禁，神志不清。

当时李玉枝也只是二十几岁的姑娘，无法面对这突然发生的情况，惊慌失措，一下六神无主。但再惊慌，也要面对。弱小的李玉枝立即请来医生给麦贤得打了安定针，让他睡去。她撤换床单衣裤，擦洗身体，做完这一切，天就亮了。她还不能休息，癫痫病发作中的病人，身体消耗特别大，她还要给快要醒来的麦贤得准备早餐。这样的事情，一做就是二十几年。

差不多每半个月，麦贤得就会癫痫发作一次。每次发作，弱小的李玉枝就要背起那个沉重的身躯，这一背就从青年背到中年，直到感动了上苍。

有很长一段时间，两人分居两地。直到 1981 年李玉枝迁到汕头，两人才在一起生活。从这时开始，麦贤得生活规律，营养充分，服药及时，癫痫发作逐渐减少，麦贤得的脸色也变得越来越红润了。在李玉枝的精心照顾下，癫痫病竟奇迹般好了，已有二十多年没有再发作。

几十年的坚守，李玉枝就是这样过来的，直到青春已逝，双鬓染白。她不仅照顾好了一位英雄，让脑部中弹的麦贤得活到今天，也培养了一双好儿女。儿子成为一名优秀的海军军官，并参加了驻港部队；女儿成了一名军医，在部队医院工作；丈夫，战胜病痛，一天比一天好起来。最重要的是，她始终维持好一个幸福的家。

纯粹的人

麦贤得生于1945年12月，老家就在离汕头不远的饶平县汫洲镇。当年麦贤得参军后，没有想到最后就被分配在家门口汕头海军基地，退休前为海军广州基地副司令员、大校，至今仍住在汕头，可以说，一辈子没有离开过家乡。

麦贤得质朴近似纯真的神情，让我有一种时光停滞岁月静好的感觉。在书房里，有他自己写的一幅字：永做小小螺丝钉。对别人，也许这是一句口号，对麦贤得，却是一生的坚守。半个多世纪过去，他没有褪去英雄的本色。

1986年的一天，麦贤得想去看看当年救自己的刘明铎主任和医院的医护人员，李玉枝就带着他来到了广州军区总医院。

李玉枝向卫兵说明了来意。没想到，那卫兵瞪大眼睛看着麦贤得，“啊，你就是麦贤得？”卫兵这一叫，立即引来刚下班的医护人员，大家惊奇地围了上来。

这时，从人群中挤进了一位白发老人。他扶着眼镜，上上下下看了看麦贤得，然后拉着麦贤得的手问：“小麦，还记得我吗？”

麦贤得认真地打量着眼前的老人，突然伸出手摸了摸老人有些清瘦的脸，不知是激动还是惊喜，口中发出不完整的词句：“刘主任，刘、明、铎，主任。”眼前竟然就是他们要来看望的专家，最后取出弹片的脑外科专家刘明铎主任。

刘主任也非常激动，他握着麦贤得的手不放，感慨地说：“太好了，太好了，二十多年了，活得这样好，真是奇迹呀！”

从20世纪60年代到今天，麦贤得是一个纯粹的人。

“八六”海战结束后，当战场的硝烟散去，麦贤得的战争没有结束。生命是脱离了危险，但麦贤得与命运的搏斗才刚刚开始。在这场斗争中，他同样是九死一生，受尽磨难，一些是在心里，更多的是身体上。英雄的称号，支撑着他的精神世界。

麦贤得始终不丢农民本色。养伤期间，当地农村进入了6月农忙季节，他几乎天天中午不午休，跑到部队附近的农村，去帮助村民收割、插秧、种地瓜，干得不知早晚，不顾一日三餐，让照顾他的战友满世界找他。在湖南冷水滩部队“五·七”干校采药材，他比健康人干得还要欢。

麦贤得做好事是自然的，随时随地的。成为基地副司令以后依然如此，只要他碰上了，随手就干。一次，天已经下雨了，他看见邻居家买了一车蜂窝煤，脱下军装就去帮助别人搬煤，从一楼到六楼，整整干了大半天，人们怎么也谢绝不了这个麦司令；他下班经过巷口，看见小卖部李大伯的皮鞋上全是灰，回家拿了鞋刷鞋油蹲在地上，就把李大伯的皮鞋擦得锃亮；到邻居家串门，看到凳子坏了，转身走了，又回来了，手里多了维修工具，就在人家客厅里修了起来；外出散步，看到路边有人在修鸽子笼，二话没说，蹲下来就当帮手。他还有一个习惯，活儿不完不走人。所以，做好事，常常忘记归家。

有一年，强台风在汕头登陆。下午 3 点的时候，整个汕头市都在狂风暴雨之中，台风遮天蔽日摧枯拉朽般地正面袭击汕头，大街上几乎没有了行人。可就在这个时候，李玉枝发现刚从北京开会回来的麦贤得不见了。在如此的风大雨狂之中，他一个手脚并不方便的人会去了哪里？一家人急得四处寻找，可就是不见麦贤得的踪影。

直到傍晚，也没有找到麦贤得，家人都失魂落魄地回到家中。这时儿子打开了电视，电视中正在直播汕头抗风抢险的新闻。突然从电视里听到一位记者的声音：“你们看，老英雄麦贤得也到大堤上抢险了！”大家突然从电视画面上看到，麦贤得只穿着一件背心，一身雨水在海滨长堤上，参加抗灾救险。这一场景被正在采访的电视台记者抢拍了下来。

如今，麦贤得早已退休了，但他仍在经常帮着别人捅厕所，挖水沟，扫马路，管市场，做慈善，还为自己的饶平县母校捐了图书馆。

英雄不老，始终在焕发着新生。

《求是》（2020 年第 1 期）

麦贤得：永远的“钢铁战士”

章　文

在新中国成立 70 周年之际，麦贤得被授予“人民英雄”国家荣誉称号。这位被誉为“钢铁战士”的老英雄的事迹再次涌现在人们的脑海里。“荣誉属于‘八六海战’的战友们！我是代表他们领取了这枚奖章。我要继续为党和国家做力所能及的事情，永远跟党走，不忘初心，为人民服务！”麦贤得说。

发生在 1965 年的“八六海战”，是麦贤得人生的转折点。战斗中，麦贤得所在的 611 艇遭受炮火袭击，一块弹片打入他前额太阳穴附近，脑浆外流的他失去知觉。由于失血过多，苏醒后的他，双眼已无法视物。麦贤得时任南海舰队某水警区 611 艇机电兵，他凭借顽强的意志和平日磨炼出来的过硬功夫，忍着剧痛在黑暗中排除轮机故障，并坚守战位 3 个多小时，直到战斗胜利。麦贤得被国防部授予“战斗英雄”荣誉称号，英雄事迹被编入小学课本。

头部重伤给麦贤得带来诸多后遗症，但在长达几十年的康复过程中，麦贤得始终致力于传播革命传统和革命精神，鼓励青年人“不吃老本、要立新功”。

1945 年出生的麦贤得，已年过七旬，但他身形依旧挺拔，眼神中透露着一股军人特有的坚毅。麦贤得始终认为自己是一名军人，从未退役。2017 年，麦贤得荣获我军首批“八一勋章”。

每年的 8 月 6 日，是妻子李玉枝为麦贤得定下的“生日”，就是为了纪念“八六海战”。因为忘不了大海的情缘，麦贤得、李玉枝夫妇为一双儿女分别取名“海斌”“海珊”。李玉枝说：“老麦常对孩子说的，就是‘没有国，就没有家’，保家卫国是军人的职责。”秉承父亲的家国情怀，海斌与海珊都积极投身军营，成为军人。

这些年，麦贤得、李玉枝夫妇投身公益事业，在麦贤得的母校广东省饶平县浒洲镇浒北小学开展捐资助学。麦贤得表示，他将继续发挥余热，给青少年讲红色故事，传播革命理想信念，激励广大青少年把个人的梦想与祖国的命运结合起来，为实现中华民族伟大复兴的中国梦不懈奋斗。

《光明日报》（2019 年 10 月 13 日　03 版）

张伯礼

张伯礼，男，汉族，中共党员，1948 年 2 月生，河北宁晋人，天津中医药大学党委副书记、校长，中国工程院院士，第十一、十二、十三届全国人大代表。他长期致力于中医药现代化研究，奠定中医素质教育和国际教育的标准化工作基础，推动中医药事业传承创新发展。新冠肺炎疫情发生后，他主持研究制定中西医结合救治方案，指导中医药全过程介入新冠肺炎救治，取得显著成效，为疫情防控作出重大贡献。荣获国家科学技术进步奖一等奖和“全国优秀共产党员”“全国先进工作者”等称号。2020 年获“人民英雄”国家荣誉称号。

“人民英雄”国家荣誉称号获得者张伯礼——

国有疫情时，医生即战士

王君平

17年前，抗击非典，他挺身而出；庚子新春，迎战新冠，他逆向而行。“国有危难时，医生即战士。宁负自己，不负人民！”他的誓言依然未改。

他就是年过古稀的中国工程院院士、天津中医药大学校长张伯礼。9月8日，在全国抗击新冠肺炎疫情表彰大会上，张伯礼被授予“人民英雄”国家荣誉称号。

面对荣誉，张伯礼说得最多的一句话是“唯代中医人受誉”。这是党和国家对中医药抗疫贡献的高度肯定。

“严格隔离，只是成功了一半。不吃药也不行”

“疫情不重，不会让我来，这份信任是无价的。”1月25日，大年初一，中央紧急成立赴湖北疫情防控指导组，张伯礼名列其中。

临危受命，闻令而动。在出征武汉的飞机上，张伯礼填词道：“晓飞江城疾，疫茫伴心惕。隔离防胜治，中西互补施。”面对尚有很多未知的新冠肺炎，他心里却有一份底气，那是对中医药的信心。

那时的武汉，发热门诊外阴冷潮湿，门诊内人满为患。张伯礼意识到，如果不加以控制，感染人数会越来越多。

当晚，张伯礼就第一时间向中央指导组提出，必须严格隔离，他提议将确诊、疑似、发热、留观4类人群进行集中隔离，分类管理。“但严格隔离，只是成功了一半。不吃药也不行。”张伯礼提出“中药漫灌”治疗方法，普遍服用中药，拟定“宣肺败毒方”等方药，让4类人使用中医药。他的建议被中央指导组采纳。

张伯礼开出方子后，试着给湖北九州通的企业负责人打电话，请他们帮助做袋装中药汤剂。对方回答：“没问题，全力配合。”张伯礼说：“现在没有钱，也不是做一天，也不是做千百袋。”对方说：“为了武汉人民，什么都不要讲了。”这让张伯礼感动不已。

第一天 3000 袋，第三天就达 8000 袋，最多时一天 4 万袋。张伯礼难掩兴奋：“通过普遍服用中药，集中隔离的很多发热、疑似患者病情得以好转，效果不错。”武汉开展了最全面最严格最彻底的大排查。严格隔离的同时普遍服用中药，取得了良好效果。

数据显示，2 月初到 2 月中旬，从 4 类人当中确诊新冠患者的比例为 80%，吃药 10 天左右，2 月中旬降到了 30%，2 月底降到 10% 以下。

“一定要有中医药阵地。只要有阵地，就能有作为”

武汉江夏区大花山有个户外运动中心，当地人称“江夏鸟巢”，抗击疫情期间被改建成江夏方舱医院。

“一定要有中医药阵地。只要有阵地，就能有作为。”张伯礼说。他与中央指导组专家、北京中医医院院长刘清泉写下请战书，提出筹建一家以中医药综合治疗为主的方舱医院。

经中央指导组批准，张伯礼率国家中医医疗队队员，进驻江夏方舱医院。这是一次传承精华、守正创新的生动实践，方舱医院从中药、针灸、贴敷到太极拳、八段锦一条龙综合治疗。

2 月 14 日，江夏方舱医院开舱。张伯礼穿着写有“老张加油”的防护服，熟悉环境，紧盯流程，问诊患者，对症拟方，指导临床，巡查病区……每天几个小时的行走，里面的衣服都湿透了。

截至 3 月 10 日休舱，江夏方舱医院共收治新冠肺炎轻症和普通型患者 564 人。中医药团队交出了轻症病人零转重、痊愈病人零复阳、医护人员零感染“三个零”的亮眼成绩。中医治疗经验不胫而走，90% 的方舱都使用了中药，一般转重率 2% ～ 5%，远低于公认的 10% ～ 20% 转重率。中医药疗效得到了证明。

张伯礼提出“大疫出良药”。在中央指导组和国家中医药管理局领导下，筛选出金花清感颗粒、连花清瘟胶囊、血必清注射液、清肺排毒汤、化湿败毒方、宣肺败毒方“三药三方”，因证据充分、疗效确切，“三药三方”被编入国家版诊疗方案。

由于过度劳累，张伯礼胆囊炎发作，腹痛难忍，中央指导组强令他住院治疗。2 月 19 日，张伯礼在武汉接受了微创胆囊摘除手术。

人民至上、生命至上，要把重症患者一个不落拉回生的安全线。张伯礼挺身而出，为多年饱受争议的中药注射剂正名："对重症患者早期足量使用中药注射剂可力挽狂澜。"血必净、参麦 / 生脉、参附、痰热清、热毒宁等中药注射剂在重症患者救治中大显身手。

"中西医结合救治是我们的亮点。"张伯礼提出，重症病房中西医联合查房，让中西医优势互补叠加。研究显示，在一项 75 例的重症患者临床对照试验中，中西药并用组和单纯西药组相比，核酸转阴时间、住院时间平均缩短 3 天。

"现在的武汉车水马龙，人声鼎沸，我喜欢这个武汉"

4 月 16 日，张伯礼离开了他苦战 82 天的武汉。临别之际，张伯礼说："武汉是英雄的城市，武汉人民为抗击疫情做出了牺牲和贡献。"

5 月 22 日，十三届全国人大三次会议开幕，全国人大代表张伯礼走进会场时，在场所有人为这位抗疫英雄鼓掌。在介绍医护人员英勇战疫的情况时，他洒下热泪。会议期间，他提出修订传染病防治法，建议将中医药纳入重大公共卫生事件应急体系建设。

鉴于新冠肺炎的特点，早在江夏方舱医院还没有休舱时，张伯礼已经在思考出院患者的康复问题，面对部分患者出现的咳嗽、胸闷、乏力、失眠等症状，以及肺纤维化及免疫功能损伤等问题，他孜孜不倦向中医药寻找答案。张伯礼联合武汉一线专家，组织编写了《新型冠状病毒肺炎恢复期中西医结合康复指南（第一版）》，有效指导了恢复期患者的中西医结合康复治疗。

在江夏方舱医院休舱前，张伯礼提出要留下一支不走的中医队伍。4 月 6 日，张伯礼传承工作室正式落户武汉市中医医院，这也是他第一次在天津以外收徒。

花开迎凯旋。7 月 24 日，张伯礼回到他称为"第二故乡"的武汉，举行了《中医药抗击疫情的优势与特点》主题演讲，参加武汉市中医医院挂牌天津中医药大学教学医院的签约授牌仪式，出了半天康复门诊，听了康复研究汇报。看到曾经的患者如今都能正常地生活，张伯礼高兴地说："现在的武汉车水马龙，人声鼎沸，我喜欢这个武汉。"

疫情无国界，大医有爱心。疫情防控期间，张伯礼参加了几十场海外连线。"分享中国经验，我们从不保守。"他希望中医药能帮助更多国家和地区战胜疫情，让中医药瑰宝惠及世界。

9 月 1 日，开学第一课如约而至，张伯礼登上"云讲台"。他深情地说："再过 10 年、20 年，你们就是我们共和国的脊梁，你们就是国家的建设者，这个历史的重任就交到你们身上了，相信你们一定能战胜包括传染病在内的各种疾病，保证全国人民的健康。"

"疫情来了，医务工作者义不容辞，必须要冲上前去。治疗、救人是职责所在，我只是干了我应该干的事。"张伯礼心里始终装着人民，深爱着中医药事业。

《人民日报》（2020 年 09 月 10 日　11 版）

致敬抗疫英雄　汲取前行力量

陈　凌

没有豪言壮语，只有默默奉献；不计个人得失，只为守护生命健康。每个战疫者，都是英雄

在斗争中淬炼，在磨砺中升华，抗击疫情所集中展现的中国精神，培厚了中华民族的精神土壤

不久前，在中国医师节到来之际，习近平总书记代表党中央，向全国广大医务工作者致以节日的祝贺和诚挚的慰问。习近平总书记指出，新冠肺炎疫情发生以来，广大医务工作者牢记党和人民重托，义无反顾冲上疫情防控第一线，同时间赛跑，与病魔较量，顽强拼搏、日夜奋战，为抗击疫情付出了艰苦努力、作出了重大贡献，彰显了敬佑生命、救死扶伤、甘于奉献、大爱无疆的崇高精神，赢得了党和人民高度评价。

震撼历史的斗争，必然留下震撼历史的篇章。人们不会忘记，80 多岁高龄的钟南山挤上高铁餐车，星夜兼程，赶赴武汉；70 多岁的张伯礼在胆囊摘除手术后第三天就投入工作；张定宇在自己身患渐冻症、妻子感染的情况下，仍战斗在与病毒斗争的第一线；陈薇临危受命率队紧急赶赴武汉，夜以继日执行科研攻关和防控指导任务。国有危难，他们挺身而出，奋战在疫情防控最前沿；紧要关头，他们迎难而上，用科学托举起生命的希望。为表彰他们的杰出贡献、弘扬他们的崇高品质，国家主席习近平签署主席令，授予钟南山“共和国勋章”，授予张伯礼、张定宇、陈薇“人民英雄”国家荣誉称号。正如一位网友所言，“以国家名义褒奖抗疫英雄，既是实至名归，也是众望所归”。

回首这段历程，更能感受疫情防控阻击战的艰辛和不易。新冠病毒是一种全

新的病毒，被专家称为“最狡猾的病毒”。与这个“新型的未知病毒”作斗争，难度堪称前所未有。沧海横流更显英雄本色。在这个意义上，我们更能理解，钟南山、张伯礼、张定宇、陈薇等“战士”逆行出征、冲锋在前，这是多么无畏的胆略、多么勇毅的行为、多么崇高的境界！他们不愧为抗疫英雄，不愧为民族脊梁！

我们要致敬每一位战疫者。有外国网民感慨，面对空前的疫情，14 亿人口，水不停、电不停、供暖不停、通信不停、物资供应不断，社会秩序不乱，中国做到了！把“不可能”变成“一定能”，背后正是一大批“战士”不分男女老幼、不论岗位分工，不惧风雨、坚守奉献、顽强拼搏。他们之中，有大年初一辗转三省，最后徒步 80 公里赶回岗位的医院护士；有瞒着父母奔赴雷神山医院建设工地的“90 后”项目工程师；有坚守一线的党员干部、穿街走巷的快递员、一呼百应的志愿者……面对疫情，无数普通人挺身而出，用平凡星火点亮人间大爱。没有豪言壮语，只有默默奉献；不计个人得失，只为守护生命健康。每位战疫者，都是英雄！

最好的致敬，是努力成为像他们一样的人。在斗争中淬炼，在磨砺中升华，抗击疫情所集中展现的中国精神，培厚了中华民族的精神土壤。今天，站在即将夺取全面建成小康社会伟大胜利、踏上实现第二个百年奋斗目标新征程的历史关口，这样一笔精神财富，将会是我们继续披荆斩棘、奋勇搏击的重要力量来源，将会是我们攻坚克难、开拓前进的重要精神支撑。

“大江来从万山中，山势尽与江流东”。新冠肺炎疫情是新中国成立以来我国遭遇的传播速度最快、感染范围最广、防控难度最大的一次重大突发公共卫生事件。这么严峻的挑战，我们都经受住了，这么困难的时刻，我们都挺过来了，面向未来，从伟大抗疫斗争中汲取力量，学习弘扬抗疫英雄的精神品格，何事不可为，何事不可成！

《人民日报》（2020 年 08 月 25 日　05 版）

杰桑·索南达杰

杰桑·索南达杰，男，藏族，中共党员，1954 年 4 月生，青海治多人，生前系青海省治多县委副书记、县西部工委书记。1994 年 1 月 18 日，他和 4 名队员在可可西里抓获 20 名盗猎分子，缴获 7 辆汽车和 1800 多张藏羚羊皮，在押送犯罪分子返县途中，遭犯罪分子袭击。他在无人区与持枪偷猎者对峙，流尽最后一滴血。荣获改革先锋、环保卫士等荣誉称号。

雪山丰碑

——追记"环保卫士"杰桑·索南达杰

白剑峰

1994年元月28日，春节前夕。青藏高原下了一场无边无际的大雪。小小的治多县城沉浸在深深的悲痛之中，人们正在祭奠藏族英雄杰桑·索南达杰。

无数人家通宵点亮酥油灯，为他虔诚祷告。草原上，刻满经文的嘛呢石很快堆成了小山，那是藏族人民为英雄立起的丰碑。武警战士护送他的遗体前往烈士陵园，全城百姓痛哭失声，长跪不起……

那是怎样的一尊塑像啊！宽宽的前额，满脸的络腮胡子，只是一双眼睛圆睁着，冻僵的身体至死都保持着射击的姿势！

他是在可可西里的雪山下长眠的，与他对抗的是18名盗猎匪徒，他不肯放过的是一卡车带血的藏羚羊皮……

杰桑·索南达杰，原青海省玉树藏族自治州治多县委副书记、治多县西部工委书记。1994年1月为保护国家珍稀野生动物而壮烈牺牲，1996年5月，国家环保局和林业部追授他为"环保卫士"。

"如果保护可可西里非要死几个人的话，我就作第一个"

可可西里是一片神奇的土地，蒙古语意思为"美丽的少女"。那里平均海拔为5000米以上，90%的土地是常年冻土层和冰川。那里不仅有大片的草场、丰富的沙金和盐湖等资源，而且还是藏羚羊、野牦牛、野驴、猞猁、白唇鹿等珍稀野生动物的天然乐园。藏族人民世世代代与这片土地唇齿相依，与野生动物结下了深厚的感情，他们共同在这个绿色的家园中繁衍、生息。

可是，进入 80 年代中期，可可西里掀起了前所未有的淘金热，采金者到处滥采滥挖，捕杀野生动物，破坏了原本脆弱的生态环境。10 年间，野生动物数量减少了 2/3。

每想到这些，索南达杰的心便在流血。有一次，他表情肃穆地对秘书扎多说："如果保护可可西里非要死几个人的话，我就作第一个。"

1994 年元月 8 日，索南达杰一行 7 人再次前往可可西里进行资源调查，这是他第 12 次到可可西里。元月 16 日上午 11 时，他们正要准备返回时，隐隐听到一阵汽车的马达声。一辆汽车由远而近，上面装着近 400 张藏羚羊皮。这是一个 8 人的盗猎团伙。

正在这时，又有一辆吉普车和一辆东风卡车迎面疾驰而来。他们赶紧鸣枪拦车，却没有拦住。索南达杰被激怒了！在追击时，他们迫不得已向逃跑的汽车轮胎开枪，但不慎将那辆满载藏羚羊皮的卡车司机马忠平的腿部打伤。这又是一个盗猎团伙，一行 12 人。索南达杰出于人道主义，当晚决定派工委两名同志将受伤的马忠平和一名患肺气肿的盗猎司机送格尔木治疗。

17 日晨，盗猎分子都被押解在一辆东风卡车上启程返回。这些盗猎分子开始软下来了，求索南达杰："请你高抬贵手，大事化小，放了我们。一切好商量，皮子可以全给你。"索南达杰斩钉截铁地回答："我们之间没有商量的余地。"

18 日，行至太阳湖西岸时，走在最后的索南达杰自己驾驶的东风卡车轮胎爆了——那是盗猎分子趁人不注意用刀扎坏的。索南达杰被迫停车维修，别的车辆继续向前。

当索南达杰的车修好赶到时，只见几辆大小车辆一字排开，车灯齐亮。

"可能出事了。"索南达杰感到不妙。他随即停车，拔出随身携带的五四式手枪下了车。这时，从后面上来一个人将他死死抱定。他还没回过神，枪声已响成一片，子弹呼啸而来。突然，一颗子弹击穿他的臀部，动脉血管被打断，鲜血染红了身下的土地。倒在血泊中，他还在还击。在太阳湖碧蓝的湖湾里，在圣洁的雪山下，他流尽了最后一滴血。他太年轻了，才 40 岁。

“我们这个民族，应该有一种和祖辈不同的生活方式”

20 多年前，索南达杰在青海民族学院读书。因为成绩优秀，不少单位要留他，他拒绝了，他说什么也要回生他养他的故乡治多县。他对老师说：“我们这个民族，只有到了我们这一代才有人识字了，应该有一种和祖辈不同的生活方式，我要让藏民们过上好日子。”

1985 年 10 月，一场罕见的暴风雪从天而降。在治多县，受灾最重的是索加乡，全乡 26 万头牲畜中有 22 万头冻饿倒毙在雪中。这场灭顶之灾给了后来任索加乡党委书记的索南达杰极大的刺激。改革开放给牧民带来了实实在在的利益，然而，仅仅一夜之间，一切都成了泡影，传统的生产方式如此脆弱！

索南达杰骑着枣红马，忧郁地在草原上盘桓。再来一场暴风雪怎么办？光靠养牛养羊能把索加带上现代化的路吗？民族兴旺，必须要有新观念！

1987 年春的一天，一群省地质队的人来敲门。索南达杰眼前一亮，赶紧把索加最好的房子腾出来，让地质队住进去。第二天一大早，索南达杰就拉着地质队往外走。问去哪儿，他说去找矿，还说索加这个地方要发展光靠牧业不行，一定要进行畜产品加工，要开采矿产，开发水利资源。于是，地质队在索加工作了两个夏季。索加有 6 条水系汇入通天河，水利资源极为丰富。那天，他和地质队员一起考察了布曲的水文情况，找到了理想的修电站的坝址。回到乡里，他兴奋无比，特意找来两瓶白酒庆贺……

此后，索南达杰又将目光投向了可可西里。他多次向州里打报告，要求负责西部的保护和开发工作，他说这是治多县经济发展的希望。在西部工委成立后短短的一年半时间里，他先后 12 次进入可可西里腹地，进行实地勘察，总共有 354 天在那里度过，行程达 6 万公里。他搜集了大量的第一手文字和图片资料，仅提供给州、县领导的调查报告就有 6 篇，其中《保护开发利用可可西里资源的总体规划》有很高的科学价值，得到了有关领导的重视。

刚开始，西部工委没有任何装备，第一次进可可西里，是徒步进去的。背着炒面、水和地图，一路走一路往图上标矿点的位置。后来有了一辆吉普车，为了节约经费，索南达杰便自己当了兼职司机。在坎坷不平、冰雪沼泽覆盖的无人区里，连续开上几天几夜的车，就是铁打的汉子也支持不住。每当他腰酸腿痛得实在忍不住时，就让人找一块有棱有角的大石块，夹在车座靠背和自己的腰背之间。他说，这样舒服一些。

“在藏族人民面前，我就是一头牦牛”

远处的雪峰在阳光下如同一座座圣殿，一群黑色的牦牛疾驰而过。牧民们忘不了索南达杰，因为他说过：“在藏族人民面前，我就是一头牦牛。”

1987年，索南达杰任索加乡党委书记。当时，雪灾之后差不多一半的牧民生活无着落，他落泪了。他说：“如果不让索加的父老乡亲们过上像样的日子，我愧为索加的儿子，愧为共产党员。”当年冬天，他带领几名乡干部，冒着零下40摄氏度的严寒，实地勘测索加至沱沱河的冬季运输线，经过7天7夜，他们一步步量完和确定了140多公里的路程，垒起了路线标记，开通了这条维系索加乡生产和生活的生命线。从此，索加再也不缺过冬的粮食，索加的牲畜头数也开始回升，仅两年时间就增加了4万只。

有一年春天，下了一场大雪，很多牧户失去联系。他心里惦记着那些困难户和五保户老人，总担心他们缺粮少燃料。于是，他就用自己的马驮上煤油和干粮，一步步在没膝的雪中艰难跋涉去看望乡亲。一次看不完，就去两次，两次看不完，就去三次、四次……直到把他们都安排妥了。当他最后走进同在草原帐篷里忍饥挨冻的父母身边时，手上竟再也拿不出一两煤油、一两炒面。

原玉树州委书记史国枢讲起了这样一件事：“1992年3月，我从治多县城去索加乡下乡。头天晚上，我让索南达杰次日和我同坐丰田越野车，他答应了。可第二天一早，他又说，不和我同坐小车了，他要坐大卡车。我一愣，因为对一个乡干部来说，能和州委书记坐一辆车是很荣幸的事，他为什么不干呢？他说，还有两车粮食得赶紧运上去，这是消冻前的最后时刻，坐大车先走，抓紧了还能再跑一趟，拉一车就顶100头牛驮运10个月。”

治多县公安局干部陈杰谈起索南达杰时说：“你无法想象牧民在他心中有多

重。有一年冬天，他送蔬菜到索加乡，我们看到他还带了一些冻柿子，觉得奇怪。他却说，乡里人从来没吃过新鲜水果，要让他们尝一尝，别的水果怕冻，柿子不怕。”

索南达杰匆匆地走了。他的生命化作了一片青青的牧草，一片绿色的希望。他是草原的儿子，本该归于草原，归于自然。他去了，可他那雕塑般的姿势却像雪山一样深深印在各族人民的心中。只要想起那殷红的血迹，人们就不会放弃保护绿色家园的梦……

《人民日报》(1996 年 07 月 12 日　05 版)

从“迎迎”想到索南达杰

陈沸宇

这些天，刚刚公布的奥运会吉祥物“福娃”牵动国人心，而青海人民更为激动。因为五个“福娃”的第四个“迎迎”，原型是青海的“高原精灵”藏羚羊。

高原物产本就不丰富，有这样一个动物走向世界，确实值得庆贺。近日青海不少地方都举行了隆重的庆祝活动，人们或讴歌自然造就了藏羚羊，或感谢设计者智慧辛劳，或畅谈动物保护新进展……此刻，人们也许应该想到那些曾为保护藏羚羊而浴血献身的名字，比如原青海省玉树藏族自治州治多县县委副书记杰桑·索南达杰。

为保护可可西里珍贵的矿产资源和野生动物资源，1993 年，治多县西部工委正式成立，时任县委副书记的索南达杰兼任西部工委书记。从兼任西部工委书记到牺牲，索南达杰在 545 天里 12 次深入可可西里，行程 6 万多公里，和工委其他同志一起抓获非法持枪盗猎团伙 8 个，有力打击了盗猎者的嚣张气焰。1994 年 1 月 18 日，在可可西里海拔 5000 多米的雪域深处，索南达杰只身与 18 名凶恶的盗猎分子搏斗，在太阳湖碧蓝的湖湾里流尽了最后一滴血。

索南达杰的事迹，通过一篇震撼人心的报道《血染的希望》，使更多人了解到长江源头面临的生态灾难，了解到藏羚羊等珍贵高原动物所遭受的屠戮。藏羚羊的鲜血和索南达杰的鲜血，唤起了千千万万人的良知，更多关注的眼光投向了遥远的可可西里。很快，自然保护站建起来了，青年志愿者来了，严打盗猎者的正义枪声响起来了……许多志愿者说，就是因为知道了索南达杰，才走上高原。

索南达杰，因此成为一位为保护珍稀野生动物而献身的英雄。人们在可可西里自然保护站前，为他修建了一座纪念碑，碑上有一张照片，他带着忧郁的神情遥望家园。

今天，索南达杰应该感到欣慰。我们可以从奥运会选择了藏羚羊为吉祥物看到索南达杰鲜血的价值。因为正是众多索南达杰的献身，让遥远的高原精灵进入了亿万中国人的视野。我们也可以用藏羚羊生存状态的改变，告慰索南达杰们的英灵。

我们在欢庆藏羚羊入选奥运吉祥物的同时，不能忘却索南达杰。因为，只有更多人长久记住无数索南达杰式的奋斗与抗争，我们才会在与自然的和谐相处与协调发展中，真正懂得如何珍惜并建设地球这个美好家园。

《人民日报》（2005年11月16日　05版）

叶　欣

叶欣，女，汉族，中共党员，1956 年 7 月生，广东徐闻人，生前系广东省中医院二沙岛分院急诊科护士长。1974 年被招进广东省中医院卫训队学习，1976 年毕业，因护理能力测试成绩名列前茅留院工作。2003 年春节前后，“非典”疫情形势逐渐严峻，急诊科护士力量出现明显不足，她主动申请加班，在抢救“非典”病人过程中，不幸染上非典型肺炎。3 月 25 日凌晨，她经抢救无效去世，年仅 47 岁，被追授全国优秀共产党员、人民健康好卫士称号。荣获白求恩奖章、南丁格尔奖章，2009 年当选 100 位新中国成立以来感动中国人物。

粤医务人员纪念抗击“非典”白衣烈士叶欣

“叶欣精神从不曾离开”

朱晓枫　曹　斯

9月30日是国家设立的烈士纪念日，这一天，广东省中医院的医务人员在叶欣雕像前深鞠一躬，庄重地敬献花篮，祭奠该院在抗击“非典”战役中殉职的烈士叶欣。

在“非典”生死考验过去后的十几年间，叶欣的雕像一直在广东省中医院二沙岛分院院内静静凝视着这个她为了事业献出生命的地方。雕像的基座上，书写着四个大字：大医精诚。

在后人看来，叶欣有三个令人肃然起敬的头衔：抗“非典”烈士、国际南丁格尔奖章及白求恩奖章获得者。而在广东省中医院人的记忆中，她更多是叶欣护士长。

在2018年的烈士纪念日上，一首纪念叶欣的诗朗诵，感动了现场许多人：“叶欣没有走，她化成了阳光和微笑，明媚地闪耀在我们的心中，屹立在我们的身旁。”

2003年，一场没有硝烟的战争打响。广东省中医院二沙分院担负着接诊“非典”患者的任务，叶欣正是这里的急诊部护士长。

“这里危险，让我来吧！”这是叶欣在抗击“非典”时留下的平凡却感人的一句话。在护理患者的过程中，她总是身先士卒，把最危险最困难的工作留给自己处理。然而，在与病魔的斗争中，“非典”病毒却悄悄侵入了叶欣的身体。

医院想尽了一切办法救治叶欣。但在2003年3月25日凌晨1时30分，叶欣永远离开了她依依不舍的战斗岗位。叶欣的先生张慎只对时任省中医院院长吕玉波提出了两个“要求”：第一个是让叶欣穿上全新的护士服，走完最后一段路；第二个是希望用叶欣留下的钱，来慰问这些为救她而感染的医护人员。

在抗击“非典”的战斗中，尽管省中医院先后有76名医务人员染病倒下，但他们前赴后继，从未退缩，百余名医护人员请缨上前线。这是叶欣精神的感召，她诠释的是一种对生命的认知和大医精诚的情怀。

十多年来，广东省中医院的医务人员从未忘记叶欣。

据介绍，广东省中医院二沙岛分院急诊科里有个不成文的规矩，每年春节后上班的第一天，大家都要去叶欣护士长的雕像前鞠一躬；急诊科每年新入职的护士，都会在叶欣雕像前宣誓；有的同事结婚、生孩子，也会去跟护士长念叨一下。

为弘扬叶欣精神，广东省中医院把叶欣逝世的 3 月 25 日确立为“叶欣纪念日”。每年的这一天，以及春节、护士节、烈士纪念日等，叶欣的雕像前总是摆满了鲜花。广东省中医院党委书记翟理祥表示，省中医院要倍加珍惜叶欣留下的宝贵精神财富，弘扬好“敬佑生命、救死扶伤、甘于奉献、大爱无疆”的新时代职业精神。

2009 年，叶欣被评为“100 位新中国成立以来感动中国人物”。在苏教版的小学语文四年级下册，孩子们通过学习课文《永远的白衣天使》永远记住了她。

叶欣离开了，但她的精神流传了下来。在纪念日，省中医院的医务人员曾集体朗诵诗歌：“你走了，依然会有战争，依然会有阴霾，别怕，我们都在。”

2015 年，省中医院还成立了“叶欣”志愿者服务队，志愿者服务队队长陈琛说，叶欣精神从不曾离开，大家时刻以叶护士长全心全意、精益求精为患者服务的精神激励着自己，为老百姓的健康保驾护航。

《南方日报》（2018 年 10 月 19 日　04 版）

缅怀烈士叶欣　弘扬抗疫精神

黄锦辉　梁钜聪　宋莉萍　王军飞　庄映格

9月30日是国家设立的烈士纪念日。这一天，广东省中医院的医务人员在叶欣雕像前深鞠一躬，庄重地敬献花篮，祭奠该院在抗击非典战役中殉职的烈士叶欣。

在非典生死考验过去后的十几年间，叶欣的雕像一直在广东省中医院二沙岛分院院内静静凝视着这个她为事业付出生命的地方，雕像的基底上，书写着四个大字：大医精诚。

2003年，一场没有硝烟的战争打响。广东省中医院二沙岛分院承担着接诊非典患者的任务，叶欣正是这里的急诊科护士长。

“这里危险，让我来吧！”这是叶欣在抗击非典时留下的平凡却感人的一句话。她像一台永不疲倦的机器全速运转着，从死神手中夺回一个个鲜活的生命。然而，此时，非典病毒正在悄然入侵她的身体。“我好像发烧了。”3月4日午觉后，她跟身边护士说。果真，39℃。此后，叶欣被隔离，直到生命结束的那一天。

9月23日，在广东省全国抗击新冠肺炎先进事迹报告会上，一说起老战友叶欣，张忠德就哽咽了。

他回忆起4月20号，是最后一批援鄂队员凯旋的日子。张忠德在结束医院的欢迎仪式后，就迫不及待地赶到了叶欣烈士的雕像跟前。

他说：“老战友，告诉你一个好消息，这次我们医院参加援鄂的88名队员零感染，我把他们一个不少的全都带回来了。”说完这句话，他忍不住在雕像前痛痛快快哭了一场。

抗击非典17年后，新冠袭来，广大中医人再次披甲上阵，逆行出征，抗击在疫情的最前线。

“我是党员”“我有非典经验”“我的孩子都有父母照顾”……在广东省中医院，

一封封请战书如雪片般飞来，一条条请战短信令人动容落泪。他们争相奔赴一线，书写沉甸甸的家国情怀。

广东省中医院援助湖北医疗队队长、珠海医院呼吸科主任黄东晖讲述《在抗疫的战场上》，他说：“2003 年我参加了抗击非典一疫，熟悉一线救治工作流程，更加懂得生命的宝贵。17 年后，面对新冠疫情，我要去一线，因为我是一名呼吸科医生，我有‘抗非’经验。既然选择了医生这个职业，就必须主动承担医生的责任和义务。”

广东省中医院援助湖北医疗队队员、芳村医院经典科主任颜芳讲述《爱和中医比病毒跑得更快——我们在汉口抗疫的 40 天》。他说：“病毒很毒，危害很严重，但我们坚信爱和中医一定比病毒跑得更快。”他曾对病人许诺：我们一直都在，保证每天都能看到我们，新冠不灭不回广州！

在雷神山医院 C6 病区，一名失聪的奶奶知道自己尚不能出院，着急得哭起来。广东援助武汉医疗队员、广东省中医院大德路总院血液科护士长陈二辉搂住她的肩膀，贴着她的耳朵细细安慰，抚慰她的焦灼情绪。

马来西亚疫情告急之时，广东省中医院副院长李俊担任中国赴马来西亚抗疫医疗专家组组长，分享中医在新冠肺炎预防及辅助治疗方面的经验。

广东省中医院党委书记翟理祥表示，如今，“生命至上、举国同心、舍生忘死、尊重科学、命运与共”的伟大抗疫精神已在广东省中医院人心中留下了不可磨灭的印记，“患者至上、爱岗敬业、团结协作、牺牲奉献”的叶欣精神已成为了广东省中医院不可或缺的文化印记。医院将弘扬好伟大抗疫精神，传承好叶欣烈士精神，以高度的责任心和使命感，不负医者初心为护佑人民群众生命安全和身体健康作出新的贡献。

《南方日报》（2020 年 10 月 1 日　02 版）

邱光华

邱光华，男，羌族，中共党员，1957年4月生，四川茂县人，1974年4月入伍，生前系陆航某团副师职特级飞行员，四种气象飞行指挥员。他是我军1974年经周恩来总理亲自批准挑选的第一批少数民族飞行员之一，从事飞行工作33年，多次执行军事演习、卫星回收和抢险救灾等重大任务，总飞行时间5800多小时。2008年“5 · 12”汶川大地震后，他不顾家中严重受灾，主动请战飞赴重灾区，在执行任务返航途中飞机不幸失事遇难。荣立二等功2次、三等功4次，被中央军委追记一等功。2009年当选100位新中国成立以来感动中国人物。

雄鹰，与青山同在

——追记成都军区某陆航团邱光华机组

曹　智　刘永华　白瑞雪　李宣良

折放在书桌一侧的纸条上，密密麻麻记了 10 多个电话号码。从名字上判断，前面两个号码，显然是主人兄弟的。

离开前，主人似乎与其中某个号码联系过——或许，那就是他留给亲人最后的声音。

挂在书桌对面的军装上，赫然写着主人的名字：邱光华。

5 月 31 日 13 时，成都军区某陆航团 51 岁的特级飞行员邱光华和他的 734 机组——27 岁的副驾驶李月、47 岁的空勤机械师王怀远、28 岁的空勤机械师陈林、23 岁的物资装卸和地面警戒员张鹏，前往理县执行救灾任务。

当日下午，直升机在返航途中，遭遇天气突变，不幸失事……

6 月 10 日 10 时 55 分，直升机残骸在深山峡谷中找到，机上人员全部遇难。

雄鹰一样的 5 位勇士，永远地汇入到了川西北的青山之中。

战士，闻令而动

“每一回飞行，都是与死神擦肩而过。”回忆 5 月 12 日以来一次次拯救生命的飞行，48 岁的陆航团飞行员陈远康说，拐弯、拉升、降落，飞行员的每个动作只有一次机会。

在峡谷中贴着山峰飞行，在狭窄的江边寻找降落点，在强烈的气流中颠簸……所有乘过直升机进入震中的人们，都忘不了视线周围每过三四百米就拐弯的大山，忘不了视线下方湍急的江水，忘不了山头之间蜘蛛网一样的高压线……

陈远康记得，部队投入抗震救灾以来，邱光华几乎每天都要提醒大家：“沟里风向变化太快，一定要注意高度……”

5月31日12时，接到团长余志荣命令——运送10名防疫专家前往理县，当天已经执行了两个架次任务的机长邱光华和副驾驶李月、机械师陈林立即作飞行准备。得知机上还缺一名空勤机械师，正在午休的王怀远一跃而起。快要起飞时，这些天来一直在帮各机组装卸物资的士官张鹏也蹦上了直升机。

5名闻令而动的战士，没有犹豫，就像地震发生时他们的第一反应——请战，请战！

震后第3分钟，陆航团启动应急预案；

第30分钟，所有直升机进入待飞状态；

第118分钟，两架直升机飞向震中……

那么多的救灾物资，早一分钟完成装卸，就能早一点到达灾区。战士张鹏坐不住了。已被支部列为党员发展对象的他，提出了一个让人难以拒绝的请求：请党组织在抗震救灾的战场上考察我！

接下来的日子里，这个平时话特别少的战士，似乎一下子迸发出了全部的热情：大部分官兵轮班工作，他却每天从早到晚穿梭在仓库和直升机、成都和重灾区之间；无论多晚归来，他总不忘提醒值班员，明天一定早点叫他起床，十几天里他完成了170个架次物资的装卸任务；团里交纳特殊党费，他把兜里仅有的80元，作为一个非党员的特殊党费交了出来……

机长邱光华原本也不在救灾人员名单上。按照飞行员管理的有关规定，还有11个月，他就将到龄停飞——而他的老家就在重灾区。

邱光华说，这一带地形复杂，我经验比较丰富，应该到最前线去，而且，我还能多带带年轻同志，让他们尽快成长起来。

作为我国培养的第一代少数民族飞行员，来自羌寨的邱光华，是茂县人的骄傲。这次灾难中，家中房屋被毁，年近80岁的父母住进了窝棚——这是地震发生5天之后，邱光华才得知的消息。通讯中断的那些天里，面对同事们的安慰，邱光华总是喃喃低语：“什么消息都没有，估计没希望了……”

其实，从大地震发生当天起，邱光华就曾多次飞过家乡上空。一次抢运伤员时，机降点距家不足800米，在等待升空的间隙，他仍然没有离机回家。

当直升机飞越满目疮痍的故乡，邱光华的眼中是否有泪？当他的机组从灾区接出一批又一批伤员，他是否在人群中寻找过白发的双亲？

这一切，我们已经无从知晓了。

但我们知道，邱光华所在的陆航团，包括团长在内，7 名飞行员的家都在重灾区。他们无暇顾及亲人，无法顾及危险，因为前方，有战士必赴的使命。

如同此前的 63 次飞行一样，当邱光华机组第 64 次飞向地震灾区时，人们安静地等待着，等待他们带回伤员和一大堆替灾区群众报平安的纸条。

然而——这一次，雄鹰却选择了在他们热爱的土地上空，永远地飞翔……

雄鹰，向往蓝天

搜救，从直升机失事那一刻就开始了。

在汶川县城至映秀镇的山谷间，直升机和地面部队拉开了一张天地搜救的大网，人们在这条曾创造无数生命奇迹的通道中，再一次期待着奇迹的发生。

第二天、第三天、第四天……整个中国，都在聚焦那架尾号为 734 的直升机。

这是一架上个世纪 90 年代初装备部队的米—171 直升机。

把这批飞机从厂家接飞回国的，正是邱光华。

在陆航团年轻飞行员眼中，有着 5800 小时飞行经历的邱光华不仅是全大队最年长者，也是经验最丰富、技术超一流的飞行员。

他们清楚地记得，1999 年 10 月，当接到把遇险台胞接出贵州山区的命令后，是邱光华冒着细雨在没有航线的高原上开辟出了一条新航线；

他们清楚地记得，在 2000 年的一次军事演习中，是邱光华机组以高难度的战术动作震惊全场……

王怀远曾经是歼击机飞行员，一次身体小恙导致停飞。

或许只有当过飞行员的人，才能理解他们对于蓝天的向往。从地面机械师到空勤机械师，不放弃的王怀远重回蓝天，带出了一批为飞行员护航的年轻机械师。

1985 年底，西藏墨脱发生严重雪灾，部队派出 4 架直升机参加抢险。在这次“黑鹰”首次救灾行动中，运输机把一架“黑鹰”空运到西藏。负责拆卸和组装工作的王怀远，和同事们一起仅用了 4 个小时就完成了直升机的组装。冰天雪地中，为了保持电瓶的温度，他把自己的衣服脱下来盖住设备，边吸氧边操作……

先后在直升机修理厂、机务大队担任过领导职务的王怀远，对外场和内场工作都高度熟悉。团装备处发动机主任闫二虎说，平时他们只要一提起某种故障的情形，王怀远都能立即说出问题出在哪里、怎么解决。

团里的年轻人对王怀远又爱又怕。平时，兄长一般的他喜欢跟大家一起聊天、抽烟。可一到停机坪，谁开个玩笑，他都要干涉。

王怀远说，我严格要求，是对战友们的生命负责！

28 岁的陈林，2001 年从军校毕业后短短 4 年就通过考核，从地面机械师成为空勤机械师，是同批技术人员中第一个“提空”的。

每一次飞行结束，他都要爬进密不通风的尾梁，仔细检查每一个部件。他所在的中队，机务维护水平一直走在全团前列。

还有被列为重点人才培养的李月，驾驶技术出色的张鹏……

若没有这场不期而至的事故，这该是一个多么优秀的组合！

战友们在盘旋的铁鹰里焦急地寻找着邱光华机组的一丝丝痕迹。一下机，涌上心头的，又是昔日共事的点点滴滴。

飞行大队教导员向守友说，邱光华头发都有些花白了，但还总把自己当作“新同志”。点名、集合，他比谁都先到；打扫卫生，他总是第一个拿起工具。当一家直升机公司用丰厚的年薪邀请他加盟时，邱光华拒绝了：“我从山里走出来不容易，要珍惜党和人民给的荣誉。”

飞行员王朝勇说，自从 2003 年毕业分配到陆航团后，李月的每一个除夕都是在值班室度过的；家在驻地的李月，总是把团聚机会让给两地分居的战友……

5 月 31 日下午，汶川县漩口镇群益村，一架直升机从天空掠过。3 岁的魏佳丽拉着奶奶胡群辉的手：“奶奶，那个直升机要飞到哪里去喃？”

老人看了看空中铁鹰行进的方向：“直升机怕是要回家了。”

“那它还回不回来？”孙女又问。

“吉祥鸟每天都来。你喜欢看，我就每天都带你来看……”

胡群辉坚持认为，她们所看到的，就是那架尾号为 734 的直升机。

勇士，还在身边

张鹏的房间原封未动。从直升机失事到现在，战友们仍然相信，他会回来的。

房间的外墙上，挂着一部红色的电话机。

出发时，张鹏是否就是站在这里，给远在山东滕州农村的父母去了最后一个电话？

陆航团管理股管理员高跃说，参加抗震救灾以来，张鹏的话突然多了起来。睡在车里、走在路上，时不时跟战友们说说在灾区看到的人和事。

“我想收养一个孤儿。”一个晚上，张鹏突然冒出这么一句。

高跃哑然失笑：“小屁孩儿，你自己还没长大呢！”

“长没长大不在于年龄，而在于是否懂得了责任，是否勇于去担当责任。”

张鹏一字一顿的回答，让高跃怔住了。

灾难，让这个长着一张娃娃脸、几天前还在为没能跟明星合上影而沮丧的男孩，长大了。

惦念着灾区孤儿的张鹏走了，734 号机组走了……留下的是一串用生命写成的数字：大地震以来，734 号机组连续执行复杂地理、气象环境条件地区抢运受伤群众和运送救灾物资任务，飞行 63 架次，运送物资 25.8 吨，运送救灾人员 87 名，转移受灾群众 234 名……

“一架直升机，装不下多少伤员啊。”李月好几次跟同事们说，“直升机要是能不休息就好了，我愿意从早到晚不停歇地飞。”

李月是家中的独子。今年初，刚刚领了结婚证的他还没有来得及举办婚礼，就投入了抗雪救灾工作。随后纷至而来的任务，让婚礼一次又一次推迟。

旅行结婚，是李月最初的想法。热爱摄影的他，电脑里存满了花草、动物的照片。他想用镜头，在名山大川的背景里留下最美的蜜月记忆。

新郎和摄影师，却永远缺席了。

陈林曾向战友们描述他念念不忘的一幕：一对受伤的映秀夫妇被送上飞机后，一直紧紧地拥抱在一起。机组人员安慰他们说，没事，没事，咱们已经安全了，但两人还是不分开。

不知陈林是否在某一次报平安的电话中，把这个故事告诉了妻子？如今痛失丈夫的妻子，是否会在忆起这一幕时，责怪丈夫没有多留些团聚的时间？

地震发生后，陆航团在操场为飞行员家属搭建了避灾帐篷。陈林却坚决不让妻子来队："团里这么忙，不要添麻烦了！"

5 月 30 日 11 时，当妻子带着刚满周岁的女儿来队看望已经半个多月没有见面的陈林，谁也没有想到，这就是夫妻、父女的最后一面……

邱光华的妻子，至今没有工作。战友们小心翼翼地说出飞机失事的消息后，她说："我能接受这个事实，我为他们的英勇行为感到光荣和自豪……"

此言，让一屋恸哭。

或许王怀远再也无法兑现自己的承诺了——就在直升机失事前几天，他对患有腿疾的弟弟说，执行完这次任务，就带他到大医院做假肢。

繁忙的工作，让王怀远无暇顾家。妻子先是随军，后来又不得不辞去教师工作，全力照顾丈夫和明年就要参加高考的女儿。经济适用房刚刚装修完，现在每月还着一笔数目不小的贷款……

还有几年就能退休的王怀远，早已替自己的退休生活做好了安排——回四川泸县的老家，种橘子。

他常常说，农民的儿子，不能离开土地……

正是为了这片挚爱的土地，734 机组献出了一切。

正是为了这片挚爱的土地，他们的战友又驾驶着雄鹰飞向了蓝天……

青山作证，在这片饱经灾难的土地上，一度荒芜的田间已插满秧苗，昨日的废墟上正在升起袅袅炊烟……

（新华社成都 6 月 10 日电）

《人民日报》（2008 年 6 月 11 日　05 版）

伟大的精神　不竭的动力

魏　武

这是中国人民抗击特大自然灾害的全景记录，这是中华民族精神发展史上又一座巍峨丰碑。

9 月 20 日，《万众一心　众志成城——抗震救灾主题展览》隆重开幕，生动再现了全党全军全国各族人民面对特大地震灾害奋起抗争的感人场景。一个月来，近 60 万观众在中国人民革命军事博物馆展厅内留下了脚步和感动，写有 2 万多条观展感言的留言簿砌起了一座小小的“山峰”。

“爸爸，妈妈，‘5·12’特大地震带走了许多的无辜生命……你们的孩儿已经长大了，我要冲进废墟去挽救更多人的生命……如果我被永远留在了这里，你们千万不要伤心难过，要为我感到骄傲和自豪……”济南军区某旅战士陈胜军书写在挎包上的遗书，让许多参观者泣不成声。

感动与行动同在，坚强与信念同行。

一个个沙盘模型、一组组新闻照片、一幅幅统计图表、一件件珍贵实物前，中华民族和衷共济、团结奋斗的伟大民族品格，在这里表现得淋漓尽致。行走在那场壮烈而艰难的生命大营救烙就的深深记忆里，人们的心灵一次次受到震撼和洗礼，热血一次次为之奔涌，作为中国人的自豪与庄严，在参观者的心中一次次沸起、升腾……

邱光华、武文斌、王毅、蒋敏、黄琼、谭千秋、王洪发、宋志永、邹雯樱、宋雪……看着一个个闪光的名字，听着一段段感人的事迹，观众们一次次停下脚步，向抗震救灾英雄模范表示深深的敬意。

带着关于 32 年前唐山大地震的回忆，老人们走来了——

“在这次百年不遇的大地震中，我们国家用最短的时间使灾区人民有衣穿、有饭吃、有房住、有医生看病、学生有学上，这是世界的奇迹，哪个国家也做不到，而我们国家做到了。”唐山大地震中被埋 6 天的辽宁本溪市退休职工杜工元留言说，有了共产党的领导，不管遇到什么样的困难，中国人民都能克服。

带着年幼的孩子，年轻母亲们走来了——

“我领女儿来参观这一幅幅让人心痛、让人感动流泪的画面，为的就是让孩子从小就懂得在灾难面前要坚强、要友爱、要自强！懂得什么是无私无畏、什么是刚强勇敢、什么是人间大爱。”手牵着 5 岁的女儿，一位年轻妈妈动容地说。

带着对祖国的满腔热爱，学子们走来了——

“在这里，我又一次被人民子弟兵、医护人员和所有救援人员震撼，被灾区可敬的人民教师感动。我会为这个伟大的民族奉献自己的力量。”即将走上教师岗位的硕士生王冕留言道。

带着世界人民的爱，外国使节们走来了——

汶川重灾区沙盘前，波黑驻华大使佩罗·巴伦契奇捐出了身上的 200 元人民币和 50 欧元。“我的国家曾饱经战乱，所以我更深知人民经历困苦时的状态和感受。钱虽然不多，但代表我的心意。希望世界各国的朋友都伸出援手，一起帮助我们善良、可爱的朋友，让他们度过一个温暖的冬天。”

……

灾难是试金石，它夺去了 8 万同胞的生命和他们的家园，却夺不去我们因爱而生的无尽力量。伟大的抗震救灾精神，必将使巨灾后的灾区浴火重生；强大的团结奋进之力，必将使中华民族超越灾难，迈向新的更大的辉煌。

“我们活着的每一个人，要珍惜活着的机会，努力为国家的繁荣富强贡献自己的微薄之力。能多做一分，决不少做一毫！”铁道部机关服务局卫晓毅的留言掷地有声。

万众同心，其利断金。

站在新的历史起点上，让中华儿女把伟大抗震救灾精神融入我们的心灵深处，为中华民族的发展注入新的不竭动力。在重建任务艰巨的灾区，伟大的抗震救灾精神是我们恢复生产、重建家园的不竭动力；在工作和生活中，伟大的抗震救灾精神是我们建功岗位、奉献社会的心灵航标；在民族复兴的道路上，伟大的抗震救灾精神是我们凝聚民族力量、战胜艰难险阻的向导。

每一次巨灾，无不以民族的更大进步作为补偿。万众一心、众志成城，不畏艰险、百折不挠，以人为本、尊重科学的伟大抗震救灾精神，必将使善于从灾难中总结和汲取经验教训的中华民族，变得更加坚强和不可战胜。

让我们把伟大的抗震救灾精神，化作不竭的历史动力，共同为我们伟大的祖国加油，共同为我们伟大的民族加油，共同为我们伟大的改革开放和社会主义现代化事业加油！

（据新华社北京 10 月 20 日电）

《人民日报》（2008 年 10 月 21 日　05 版）

张定宇

张定宇，男，汉族，中共党员，1963 年 12 月生，河南确山人，湖北省卫生健康委员会副主任、武汉市金银潭医院院长。他长期在医疗一线工作，曾带队赴汶川抗震救灾，多次参加国际医疗援助。2019 年 12 月 29 日，在收治首批 7 名不明原因肺炎患者后，他立即组建隔离病区，率先采集样本开展病毒检测，组织动员遗体捐献，为确认新冠病毒赢得了时间，为开展新冠肺炎病理研究创造了条件。作为渐冻症患者，他冲锋在前，身先士卒，带领金银潭医院干部职工共救治 2800 余名新冠肺炎患者，为打赢湖北保卫战、武汉保卫战作出重大贡献。荣获“全国卫生健康系统新冠肺炎疫情防控工作先进个人”称号。2020 年获“人民英雄”国家荣誉称号。

"人民英雄"国家荣誉称号获得者张定宇——

与时间赛跑的钢铁战士

田豆豆　范昊天

收治患者最早、重症比例高……在抗击新冠肺炎疫情的斗争中，武汉市金银潭医院广受关注。而院长张定宇，无疑是其中备受关注的一位。身患渐冻症的他，忍受着病痛的折磨，始终坚守一线，带领医院干部职工累计救治 2800 多名新冠肺炎患者，其中不少为重症、危重症患者，为打赢湖北保卫战、武汉保卫战作出了重大贡献。

56 岁的"人民英雄"张定宇，就像钢铁战士一般，冲锋陷阵、争分夺秒，只为挽救更多的生命。

全力以赴

面对突如其来的疫情，张定宇通知科室负责人和医务人员全员到岗，准备开设新的病区专门收治病人。同时，紧急采购呼吸机、监护仪、输液泵等设备。

此后一段时间，金银潭医院每天都收治大量患者，几乎每隔一天就会开出一个新病区。春节前夕，有 600 张病床的金银潭医院 21 个病区全部改造、消毒、布置完毕，投入使用。

就在金银潭医院全力以赴投入战疫之时，张定宇的妻子在武汉市第四医院门诊部负责接诊，不幸感染新冠肺炎；金银潭医院副院长黄朝林也不幸感染，且是重症……张定宇却始终不下火线，经常凌晨 2 点才躺下，4 点就被手机铃声叫醒。

"那段时间，张院长以院为家，他在病区睡过，也在值班室睡过。"金银潭医院结核病区副主任余亭说，每天晚上院长办公室的灯光，让他在巨大的压力之下，感到踏实和安心。

身先士卒

大年三十晚上，两通电话让张定宇热泪盈眶：解放军医疗队和上海医疗队数百人将星夜驰援武汉，直奔金银潭医院。

随着越来越多的援鄂医疗队到来，金银潭医院的医务人员终于能稍稍喘口气，而张定宇却停不下来。“从病房改造、院感防护措施到患者的具体用药和治疗，他都亲力亲为。”金银潭医院新冠肺炎患者复诊办公室护士长李彩红说。

张定宇平时说话办事风风火火，疫情发生以来，他的嗓门越来越大，脚步却越来越迟缓。有同事见他上楼很费劲，想扶一下，但被他谢绝，“我自己可以走！”

一天，在病区主任见面会结束后，张定宇道出了实情：“我得了渐冻症，剩下的时间可能不多了。我必须跑得更快，才能从病毒手里抢回更多病人。我们要用自己的生命保卫武汉！拜托大家了！”他双手抱拳，深鞠一躬。

大家这才知道，从前年开始，张定宇走路愈发僵硬，不是因为腿脚不好，而是身患渐冻症。患者通常会因为肌肉萎缩而逐渐失去行动能力。

泪水模糊了大家的双眼。在院长身先士卒、冲锋在前的带动下，金银潭医院广大医务人员更加勇敢地投入医疗救治中。除了常规疗法，他们还在国家卫健委专家组指导下，根据病情给予患者多种疗法并辅以抗病毒、抗感染、抗炎等治疗，大大提高了救治率、降低了病亡率。

科研战疫

“张院长来的这几年，是我们医院发展最快的时期。”在金银潭医院重症学科带头人、ICU 主任吴文娟看来，医院在战疫中取得的不俗成绩，跟张定宇这些年在医院科研和医师队伍建设上的努力密不可分。

2013 年，张定宇调任金银潭医院院长。那时，金银潭医院几年前由武汉市 3 家具有传染病业务的医疗单位合并而成，业务比较单一，发展面临困境。“比起一般的综合性医院，我们装备、能力都很特殊，是卫生健康战线的特种兵。”张定宇常常这样鼓励大家。

张定宇率先引进高流量吸氧装置、ECMO（人工膜肺）等先进设备，“医院每年免费提供 10 个 ECMO 套包给全省病人，会诊费由我们出，只要求让我们的医护人员参加。”张定宇说，这样的“实战演练”让金银潭医院一年多掏 50 万元，但保证有一支能随时顶上去的战疫团队，张定宇认为很值得。

在张定宇的带领下，2017 年，金银潭医院成功通过原国家食品药品监督管理总局组织的药物临床试验机构资格认定，并开展药物临床试验工作；2018 年又和湖北省疾控中心一起组建了耐多药病房，和中科院武汉病毒研究所联合组建了博士后流动站，开展临床和科研合作……医院的横向科研经费从 2017 年的 400 万元迅速增加到 2019 年的近亿元。这些工作的开展，为医院应对新冠肺炎疫情打下了坚实基础。

抗击疫情以来，除了做好医疗救治，金银潭医院的团队还参与了由我国多个研究团队完成的新冠肺炎全球首个随机对照药物临床试验，成果发表在国际知名学术期刊《新英格兰医学杂志》。

如今，担任湖北省卫健委副主任、武汉市金银潭医院院长的张定宇，仍坚持每天花 1/3 的时间到金银潭医院工作。他说：“我还想做更多的事情，必须跑得更快，才能跑赢时间。”

《人民日报》（2020 年 09 月 11 日　06 版）

平凡人也能成为真英雄

张定宇

9月8日，全国抗击新冠肺炎疫情表彰大会在北京举行。习近平总书记在大会上发表的重要讲话中指出："世上没有从天而降的英雄，只有挺身而出的凡人。"在这场惊心动魄的抗疫大战、艰苦卓绝的历史大考中，创造出许许多多英雄壮举的是挺身而出的平凡人。各条战线的抗疫勇士临危不惧、视死如归，困难面前豁得出去、关键时刻冲得上去，以生命赴使命、用大爱护众生。面对凶猛的疫情，没有人生而英勇，只是选择无畏。事实再次证明，平凡人也能成为真英雄。

面对突如其来的疫情，全党全军全国各族人民在以习近平同志为核心的党中央坚强领导下，坚决打响疫情防控的人民战争、总体战、阻击战。疫情当前，中国人民没有被吓倒。明知山有虎、偏向虎山行，千千万万平凡人挺身而出、慷慨前行。危急时刻，又见遍地英雄。54万名湖北省和武汉市医务人员同病毒短兵相接，率先打响了疫情防控遭遇战。346支国家医疗队、4万多名医务人员毅然奔赴前线，很多人在万家团圆的除夕之夜踏上征程。人民军队医务人员牢记我军宗旨，视疫情为命令，召之即来、来之能战、战之能胜。武汉市金银潭医院被称为"离炮火最近的战场"。面对来势汹汹的疫情，全院干部职工一起冲上去、顶上去，没有一个人迟疑、退缩，全部坚守在本职岗位，从未有人要求"下火线"。缺少保洁员，后勤的同志顶上去；缺少保安员，行政的同志撑起来……我的这些"战友"，都是平凡人中涌现出来的真英雄。

习近平总书记指出："抗疫斗争伟大实践再次证明，中国人民所具有的不屈不挠的意志力，是战胜前进道路上一切艰难险阻的力量源泉。"苦难考验了中国人民，也锻炼了中国人民。沧海横流，方显英雄本色。抗疫期间，无数平凡人毅然决然地冲锋在最前沿，夜以继日、拼尽全力，用血肉之躯筑起了抗击疫情的钢铁长城。他们没有豪言壮语，只有实实在在的行动。在背后支撑他们的，是全体中国人民。来自全国各地的援鄂医护人员为湖北拼过命，他们是真英雄；千千万万志愿者和180万名环卫工人默默奉献、不畏艰险，他们是真英雄；战斗在一线的社区工作人员、数百万名快递员积极出力、日夜奔忙，他们是真英雄……伟大出自平凡，平凡造就伟大。正是无数向险而行、攻坚克难的平凡人，创造了人类同疾病斗争史上又一个英勇壮举。他们身上展现的忠诚、执着、朴实的鲜明品格，如同一道道耀眼的光芒，照亮我们前行之路。

英雄是时代的标杆，是民族最闪亮的坐标，是国家走向未来的强大动力。习近平总书记指出："崇尚英雄才会产生英雄，争做英雄才能英雄辈出。"中华民族是崇尚英雄、成就英雄的民族，也是英雄辈出的民族。新时代是大有可为的时代，也必将是英雄辈出的时代。对英雄最好的致敬，除了崇尚，还要发扬他们的精神，从他们身上汲取奋进的力量，用英雄的壮举激励我们勇毅前行。在实现中华民族伟大复兴的历史征程中，你我可能都是平凡人。但不论我们身处何种岗位、肩负何种职责，都要恪尽职守、担当奉献。我们要崇尚英雄、学习英雄，用实际行动为实现"两个一百年"奋斗目标、实现中华民族伟大复兴的中国梦贡献力量。

《人民日报》（2020年10月21日　09版）

任长霞

任长霞，女，汉族，中共党员，1964 年 2 月生，河南睢县人，生前系河南省登封市公安局党委书记、局长。她始终把人民群众的疾苦和安危放在心上，忠诚履职尽责，带领民警严厉打击违法犯罪活动，为维护一方平安作出了重要贡献，赢得了辖区群众的广泛赞誉。2004 年 4 月 14 日，在办案途中遭遇车祸，不幸因公殉职。荣立个人一、二等功各一次，荣获全国公安系统一级英模、中国十大女杰、全国三八红旗手等荣誉称号，获全国五一劳动奖章。2009 年当选 100 位新中国成立以来感动中国人物。

一位到任仅 3 年的公安局长，因公殉职后，14 万群众自发为她送行

百姓心中的丰碑

——追记公安局长的楷模任长霞

戴 鹏 徐运平

任长霞，1964 年 2 月 8 日生于郑州；1983 年 10 月从河南省人民警察学校毕业后分配到郑州市公安局中原分局工作，先后任预审科民警、预审科副科长、法制室主任；1996 年 10 月任郑州市公安局法制室副主任，1998 年 11 月任郑州市公安局技侦支队支队长；2001 年 4 月调任登封市公安局党委书记、局长。曾获全国“五一”劳动奖章、中国十大女杰、全国三八红旗手、全国青年岗位能手、全国优秀人民警察等荣誉。

细雨绵绵，如泣如诉，灵堂已撤，诗墙依旧。

尽管当初万人恸哭、挽幛如云的场景已经隐去，宽敞的嵩岳大街、少林大道恢复了往日的平静，可隐约中，那悲痛凝重的氛围依然笼罩着这座著名的山城。

5 月 22 日，在登封市公安局长任长霞不幸因公殉职一个多月后，我们来到登封追寻英雄的足迹，听百姓们含泪讲述长霞的故事，真情似颍水清澈，朴实如嵩岳无华，像追忆逝去的亲人。从那悲痛凝重的氛围里，我们真切地感悟到，一个人们心目中的“好官”、“好公安局长”与百姓的血肉联系，感悟到“天地之间有杆秤，秤砣就是老百姓”的朴素哲理。

1

其实，百姓的眼泪很金贵，也很慷慨，就看是对谁。她抹亮了嵩岳一片蓝天，还给了登封一方平安，百姓就把泪洒给她，把心掏给她，用口为她铸碑

嵩岳无言，颍水低徊。雨像泪一样飘洒，泪如雨一般倾诉。面对每一位受访者的泪眼，记者视线模糊，无法拍照，无法笔记。

4月14日20时40分，当任长霞为侦破“1·30”案件从郑州返回登封途中突遇车祸因公殉职后，登封“黑幛白花漫嵩山”，“城巷尽闻嚎啕声”，仿佛一夜之间出了无数诗人，使整个山城涌动着诗的潮水，哀的旋律。4月17日，14万群众自发为她送行，其哀其痛，其悲其壮，撼天动地，千年历史的古城登封前所未有。

一个眉清目秀的柔弱女子，一个到任仅3年的公安局长，何以能在这么短时间内赢得60多万百姓的如此爱戴、如此尊崇？！

“她才40岁，叫这么好的人走恁早，苍天它真的没长眼呐！”发出这声哀怨的是当地“王松涉黑团伙”的受害者、告成镇农民冯长庚。伴着窗外的细雨，他含泪向记者讲述任长霞如何除掉这个社会毒瘤，为民伸张正义的故事。

登封位于郑州、洛阳、平顶山的结合部，多年来，治安形势严峻，大案积案较多，群众对公安工作意见很大。以登封避暑山庄老板王松为首的涉黑团伙，就是一个没人敢碰的毒瘤恶疮。他纠集家族成员、两劳释放人员组成黑恶势力团伙，私买枪械，私设刑堂，在白沙湖一带为非作歹，伤人过百，命案累累。冯长庚就因为在水库边洗脚，被王松手下诬为偷鱼而被刺一刀、打断5根肋骨。

在一个局长接待日里，冯长庚试探着向任长霞诉说了自己的冤情，倾吐了不敢明告状，却又不甘心的苦衷，引起了任长霞的高度重视。在派人密访暗查掌握基本案情后，任长霞决心打掉这个背景复杂、组织严密、危害极大的犯罪团伙。经过专案组几个月的艰苦侦查，“王松涉黑团伙”所有成员全部被捉拿归案。作为全国十大打黑案件之一的典型案例，登封市公安局受到了有关部门的表彰。消息传开，老百姓奔走相告，称颂任长霞敢于打黑碰硬，为民除害。

“像这样棘手的案件，她可以找一千个借口搪塞，找一万个理由推脱，可她没有，她情愿为咱百姓当靠山！”冯长庚的话也说出了君召乡海渚村村民陈振章的心声。2002年4月16日，陈振章被涉黑团伙“砍刀帮”的成员砍了两刀，一直上访告状，是任长霞组织干警，端掉了这个以李新建为首的犯罪团伙，为百姓除了害，也为他讨回了公道。

“任局长是真心为咱百姓办事的官儿。老天爷啊，咋不让我这个老婆子替她去死哩？”满头白发的韩素珍说起任局长老泪纵横。

1990年9月8日晚，君召乡韩素珍的女儿和另一名女孩儿被犯罪分子强奸杀害，由于种种原因，案件长期未破。2001年5月，任长霞在“局长接待日”上了解这一情况后，决心拿下这一陈年积案。2002年8月26日，犯罪嫌疑人赵占义被抓获归案，11年的悬案有了结果。

“要是嵩山搬得动，我就用它为任局长立碑！”韩素珍为表达对任长霞这位“女神警”的崇敬之情，筹措1000元钱，为她铭刻了一块正面镌刻着“有为而威邪恶畏，为民得民万民颂”14个大字的“功德碑”。2003年4月10日，她带领君召乡郭岭村的村民们敲锣打鼓，来公安局给任长霞立碑。任长霞坚辞不让，村民们说啥也非立不可。任长霞最终没有拗过，同意让大家把碑立在公安局后院一个不显眼的地方。等乡亲们离去后，任长霞立即让民警把碑拆了。村民们事后感叹：“任局长能拆掉石碑，可她拆不掉俺老百姓的心碑！”

在回放4月17日任长霞葬礼的录像资料中，一幅写有“痛悼亲人任长霞”，落款为“上访老户”的巨幅挽幛格外引人注意，一头挂着的那包药来回晃动，尤为显眼。“来路短，去路长啊！长霞闺女为我们落下了一身毛病，带上点儿药也好御个风寒，免灾祛病。”老上访户张生林老汉未语泪流，泣不成声。

作为村民代表，张生林向上级反映村里财务混乱问题，受到报复，被打成重伤，颅骨至今塌陷。由于案子长期得不到公正处理，无奈之下，他常年上访，历尽艰辛。对他的申诉，任长霞极为重视，很快使案情获得重大突破。每次见他，总是问寒问暖，逢年过节，多有体恤。就在任局长牺牲前的4月12日晚，他应约来到任长霞的办公室，向她汇报一名打人凶手潜逃回村的重要线索。当任长霞得知张生林连小病都没钱看时，抓起电话就向市民政局长“说情”求援，为他申请救济。接着，她又把自己的常用药给张生林老汉挑了一大包，并约定15日她从郑州开会回来再说案情，弄准了立即抓人。

“可在4月14日她就走了，走时啥也没带……”送行那天，张生林约了另外6位“上访老户”凑钱为任长霞做了挽幛，早早来到了她的灵前。

登封街头卖冰糕的老汉王青山，与长霞非亲非故，素昧平生。“每逢星期六控申接待日，总能见到任局长耐心接待上访群众，倾听他们陈情，为他们主持公道。有一次碰面，她主动与我拉家常，问我生意咋样，收入够不够生活用，叫人心里热乎乎的。为了给任长霞送行，王青山老汉主动去帮助搭了3天灵棚。“就是沾亲带故，白发人送黑发人，也没有叩首跪拜行大礼的，可我是身不由己，腿不由心呐！”

2

莫道尽铁血，英雄也流泪。她的泪流淌着女人的天性，天性的慈悲，慈悲的纯真，闪耀着彩霞般的丽晖，映照出一位公安局长执法为民、关爱百姓的深切情怀

嵩岳无言，颍水低回。雨像泪一样飘洒，泪如雨一般倾诉。面对每一位受访者的泪眼，记者视线模糊，无法拍照，无法笔记。

“我娘死我都没有这么伤心，没磕这么多头，没跪这么久。”5月24日上午，在陈秀英家的堂屋门前，陈秀英将任长霞的遗像双手捧在怀里，泪流满面：“我每天都要看看任局长，咋也看不够啊。在灵堂送行那天，我排了两次队，转了两圈，只为多看任局长一眼。”

2000年9月16日，中岳区任村村民陈秀英在一起纠纷中被打成重伤，事发后犯罪嫌疑人潜逃外地。陈秀英在医院做了两次手术，头上留下小碗口大的塌陷伤痕。由于案件迟迟未破，陈秀英踏上了上访告状之路。

“2001年5月的一个局长接待日，我到市公安局去申诉。那天的情景我到死都忘不了。任局长拉着我的手，问我啥事儿？我把告状材料递给她，她看了材料后，轻轻地摸了一遍我头上那块去掉颅骨仅剩头皮包着的软坑，她惊讶地说了声‘咦！咋打成这样！’她的泪水一下流了下来，双手扶住我的肩问：‘人呢？’我说‘跑了’。任局长说：‘你放心，跑到天涯海角我们也要把他抓回来！’当时在场的100多个告状乡亲中许多人都哭出了声。”“任局长的心咋与咱老百姓的心贴得这么近，对咱这么亲！她也不嫌弃俺农村妇女蓬头垢面身上脏，在我头上摸了一遍又一遍。你知道，就这一摸，把俺的心都摸暖啦！”从公安局出来，陈秀英抑制不住情绪失声痛哭。经过两年多的艰苦侦查，今年2月，任长霞指挥民警终于将犯罪嫌疑人抓获归案。从那以后，陈秀英每次进城看病买药办事情，都要到公安局门口转转，总想看看任局长。

“任姐走了这么多天，这个画面还老是在我眼前晃动。”登封市电视台记者任

俊杰眼含泪水，为我们讲述了又一段任长霞流泪的感人故事。

2003 年 12 月 18 日，是一起重大案件告破的日子。在石坡爻村召开的公捕大会现场，囚车缓缓开动。一个小姑娘抱着一个小孩死命地追赶着囚车。小孩一声声哭喊着“爸爸”、“爸爸”！撕人心肺。小姑娘是犯罪嫌疑人王小伟的侄女，孩子就是他刚满 3 岁的儿子。因为家里穷，前两年他老婆跟他离婚了，家里还有一个年近古稀的老母亲。听到孩子的叫声，犯罪嫌疑人眼睛紧闭，牙关紧咬，痛苦地将头埋在怀里。见到这个情景，任长霞走过去让民警把犯罪嫌疑人从囚车上押下来，说：“打开手铐，让他们父子再见上一面。”犯罪嫌疑人看到还不懂事的儿子时，露出了人性的一面，抱着儿子嚎啕大哭。这时，任长霞蹲了下来，用双手轻抚着孩子的脸，从衣兜里摸出 100 元钱，递给一位邻居说：“给孩子买点吃的，以后孩子有啥困难就去公安局找我，我叫任长霞。”说完扭头就走了。

当时在现场采访的任俊杰回忆说：“当我过一会儿再见到任局长时，发现她在悄悄抹泪。”“任姐，你哭了？”她对我说：“唉，孩子真可怜！女人泪窝浅啊！”

高墙电网，厚门铁窗。5 月 25 日下午，记者在登封市看守所见到了犯罪嫌疑人王小伟。第一次听到任局长遇难的消息，王小伟抱头痛哭：“她可是个好人啊，不该走这么早！”好大一会儿，他抬起头来说：“我对不起母亲，对不起孩子。如果有机会出去，我第一件事就是去坟上看看任局长，给她烧香磕头。”临了，王小伟哽咽着小声问记者：“任局长埋到哪儿啦？”

女性的慈悲是博大的。因为博大才显得伟大。

“任妈妈这一走，我又成了没妈的孩子！”登封市直二中初一女生刘春雨还没开口就失声痛哭，泪滴像断了线的珠子洒落在她手中的作文簿上——《我心中一盏不灭的灯》。窗外，风摇月季，雨打花蕾。小春雨断断续续讲述着她被“任妈妈”收养的一段情缘。

2001 年 5 月，大冶镇西施村煤矿发生瓦斯爆炸事故，刘春雨的父亲不幸遇难。两年前失去母亲的刘春雨成了一名孤儿。任长霞在处理这起事故中得知这一情况后，眼含热泪拉过小春雨的手：“孩子，从今往后你就是我的亲闺女！”自此，任长霞独自承担了小春雨生活和学习的全部费用。

“任妈妈要是活着，她一定会给我送来生日礼物！”5 月 24 日，记者采访小春雨时，这天正巧是她 14 岁的生日。她说，前年她过生日，任妈妈给她穿鞋的那一幕总是出现在眼前。

“2002 年深秋的一天，任妈妈到我家来看我，给我带来一双运动鞋和一件粉红色棉袄。她蹲在地上给我穿鞋，见到我的袜子破了一个窟窿，就说，‘这咋穿哪，给你点儿钱去买双新的’。我的眼泪刷一下掉了下来，要不是当时旁边站着别人，我真想搂住她亲她一口，叫一声‘妈妈’。”

按当地习俗，披麻带孝摔老盆，是亲生长子为父母送葬时才能行的最重的大孝礼仪，可在 5 月 17 日送别任妈妈那天，小春雨披麻带孝，在任长霞的遗体旁久跪不起，哭成泪人。她告诉记者：“当时我真想把躺在那里的任妈妈拉出来。要不，她就会被灵车拉走，再也见不到了。”“以前任妈妈工作忙得总顾不上回家，我宁愿她的骨灰放回家中，好让她再享受多一点家的温馨。要是放在陵园里，她太孤独了，连个说话的伴儿都没有……”

怀有这种感情的又何止一个小春雨？2002 年 1 月，任长霞为了使更多的孩子得到救助，向民警发出倡议，在全局开展了“百名民警救助百名贫困学生”的活动。全市有 126 名贫困学生得到了干警们的救助，重返校园。在为任长霞送行的那天，孩子们哪一个不是手扶灵柩，声声哭喊着他们敬爱的任妈妈！

3

她是个优秀的公安局长，却不是一个优秀的女儿、妻子和母亲。她把有限的生命时光几乎全都用到了事业上，留给家人亲友的唯有痛惜的泪水

嵩岳无言，颍水低徊。雨像泪一样飘洒，泪如雨一般倾诉。面对每一位受访者的泪眼，记者视线模糊，无法拍照，无法笔记。

“说不生她的气是假的！几个月见不了她一面，好不容易回来一次，几句话，一顿饭就走了。我就是再想她，也不敢给患有脑溢血的老伴说，只有独自落泪，一哭半夜。我给邻居说，我算是给公安局生了个闺女。说实话，她心里很少有家的概念、父母的位置。”任长霞的母亲抹了一把泪：“再想，她也对，家人再亲就这几口儿，那登封可有 60 多万人呐，不这样真的不中啊！”

“她的时间就像桶里的豆子，抓给事业上的多了，剩给家人的就少了。在这方面她固执得很，必须按她的原则办。说白了，工作上的事，群众的事不能挤，唯一能挤的就是给家人的时间。”任长霞的丈夫卫春晓律师说。“当初，我下班早了，给她倒杯水；她下班早了，给我倒杯水。多少回，她小鸟依人般偎在我怀里。随着她肩上的担子逐步加重，这些慢慢都没有了。她偶尔回家一次，也是不停地打电话说工作，或者倒头就睡，叫都叫不醒。‘春晓，咱老夫老妻了，我真的太累，顾不了家，你多担待点儿’。”看似刚烈的卫春晓泪花闪闪……

“其实，妈妈很爱我，就是因为她太忙，很少有时间回家陪我。今年 3 月 16 日，我患病在医院动手术，痛得全身流汗，特别想妈妈，忍不住就给她拨通了电话。妈妈说，工作忙完了就来陪我。我听到妈妈在电话那头哭：‘卯卯，好孩子，妈妈腾开手，一定去看你，一定！’为了让妈妈到医院来看我，也好让她借机休息一下，我故意在医院里多呆了几天，可直到我出院，妈妈也没顾上来看我一回。妈妈从来说话算数，可这次却永远地失信了……”任长霞的儿子卫辰尧一边讲述一边痛哭。

“要用百分比打分，你给妈妈多少分？”卯卯沉思了片刻：“顶多 80 分，因为她陪我的时间太少了！”

又一个 80 分！面对同样的问题，长霞的丈夫给了她同样的分数！

记者的泪水夺眶而出……是的，只有完美的神，没有完美的人！

作为一个普通的人，一个普通的女人，如果说任长霞也有她的不足和缺陷，那无疑是一种英雄的残缺，残缺的美丽，美丽的崇高！

“说实话，姐姐人长得很美，也很爱美。除了警服，还特别喜爱红衣服——红夹克、红毛衣、红衬衫、红围巾。她自己就说，‘爱红装又爱武装’。说真的，不管啥衣服，姐姐咋穿都好看。”任长霞的妹妹任丽娟翻看着姐姐的照片，眼里闪着酸楚的泪光。

她的话印证了长霞的美与爱美。记者在任长霞局长办公室的洗面台上发现，她的玉照下也有不少女人化妆用的必需品，一瓶忘记拧盖的化妆品仍散发着淡淡的芳香。

“这是唯一的一张全家福。”任长霞穿着红色的夹克衫格外醒目，格外妩媚。丽娟说，2002 年春节，妈妈提议让姐姐回来，团圆一次，顺便照张全家福。可她说要值班，没空。我们全家就不期而至，“突袭”登封，硬是“逮”住她照了这张相。“她终究还是走了，撇下我们大家，留下一个残缺的家！”任丽娟镜片里的两窝泪水在盈盈晃动。

还有一张长霞身着警服，手持手机正在通话的照片。她一脸坚毅，显得特别飒爽。“其实，全家都习惯了，都理解她，支持她，包括至今仍被蒙在鼓里的瘫痪的父亲，从来都不给姐姐添麻烦。”

指着这张照片，丽娟说：“去殡仪馆为姐姐送行那天，妈妈把我拉到一边，让我给姐姐‘捎’去个手机，说我姐离不开手机，为那工作上的事，一天到晚不停地打电话，不能临走连个手机都没有！”

姐姐，带好你的手机，可别丢了！

说到舍小家为大家的任长霞，她曾经的搭档、郑州市公安局副局长、全国优秀刑警队长杨玉章说：“干公安局长这一角儿，别说是女同志，就是大老爷们儿也得咬牙硬挺，恨不得一天当作两天过，一个身子分成仨。长霞就是再优秀，登封治安状况那么复杂，她既要破案、扫黑、带队伍，还要接访、调研、顾群众，她能有多少时间来顾及家人？！”这位剽悍的铁血汉子硬是半分钟没说话，生生把将要流出的泪水憋了回去。

“闻讣沈阳已吞声，泪水随机过百城。此后无计可问谁，九躬难尽战友情。”闻知噩耗时，任长霞的战友、登封市公安局政委刘丛德正在沈阳出差，在火速赶往登封的途中挥泪写下了这首小诗。

3 年来的并肩战斗，他们结下了深厚的战友情谊。“长霞逢事总是想别人的多，想自己的少。她到登封后的 3 个春节，都因为事情多，是在局里过的。2004 年大年三十，长霞又坚持让我回家过年，她值班。我知道，她爹因脑溢血半瘫痪，娘的身体也不好。让我回家，老婆孩子围着，我怎么安心吃得下饺子？那天晚上，我带着爱人一起去看望了她的父母。”

刘丛德把头埋入双手，声音哽咽：“今年的春节她真的回不去了！长霞，你是顾不上了，就让我们替你尽孝吧，你放心走好！”

嵩岳无言，颍水低徊。雨像泪一样飘洒，泪如雨一般倾诉。

面对每一位受访者的泪眼，面对照片上英雄的微笑，记者视线模糊。

大德无碑，大道无形。谁心里装着百姓，百姓就把你刻上心碑！历史就这么公道！

《人民日报》（2004 年 06 月 03 日　05 版）

她心中百姓最重

陈家兴

任长霞，一位普通的人，却是百姓心中的丰碑；一位普通的公安局长，却赢得同行的敬慕；一位普通的女儿、妻子和母亲，亲人们为她自豪。任长霞因公殉职了，14 万群众自发为她送行。她的业绩众人称颂，她的故事感人至深，她的精神给人启迪。

任长霞在她短暂的一生中，为党和人民做的好事，桩桩件件，很多很多。泪眼模糊中，人们不禁慨叹，哪怕是一个方面乃至其中一件，干好了已属不易，任长霞却兢兢业业做好每一件事。人们也许会问，到底是一种什么力量，使得她始终如一地尽职尽责，无私奉献？答案很明确，是百姓，是在她心中分量最重的老百姓。

打恶除霸，她毫不留情。多年来，一个以登封避暑山庄老板为首的涉黑团伙，为非作歹，伤人过百，命案累累。这个没人敢碰的毒瘤，她碰了。“5·18”特大盗枪案，在她的领导下破获了。“5·28”冠子岭杀人案，她和同事们用 3 天时间侦破了。一个“砍刀帮”涉黑犯罪团伙，被她带领的公安干警彻底捣毁了。

拒腐防变，她一身正气。公安工作处在社会的风口浪尖，随时会遇到各种的诱惑，任长霞不为所动。面对厚厚的金钱，她拍案厉喝：“在我这儿没有金钱能打通的关节！只有公正的法律！”干警们竞争上岗，她顶住“说情”、“送礼”歪风，坚持以好的作风选好人。

办案破案，她不辞辛劳。办案子不是一件容易的事。从获知线索，到分析案情，到千里转战，其间甘苦，很少有人知道。既要有心细如丝的智慧，又要受舟车劳顿的考验，还有面对穷凶极恶歹徒的危险。多少个日日夜夜，任长霞无怨无悔。她把生命的最后光辉抛洒在为侦破“1·30”案件的奔波中。

对待群众，她柔情似水。她为矿工孤儿买衣服，资助她上学。她倡议“百名民警救助百名贫困学生”，使失学孩子重新走进课堂。她耐心接待上访群众，倾听群众呼声，与他们拉家常，有如亲人……

整治队伍，她严字当头。任长霞提出“严警风、强素质、树形象”的治队方针和“向我看，跟我学，对我监督”的准则，说到做到。她顶住压力、阻力，开除屡犯警纪、群众反映强烈的不合格警察，对群众反映的热点难点问题集中、限时解决。她坚持从优待警，成立维护民警权益委员会，消除民警们的后顾之忧。

任长霞同志是中国共产党的优秀党员，她以实际行动践行了“三个代表”重要思想。任长霞常说的一句话是，“要肩负起党的重托，不负人民的信任”。她这样说了，也这样做了。她所做的这每一个方面的每一件事情，都是那样的难能可贵。难以想象，如果没有对老百姓的深厚感情，她能做得那样出色？任长霞以她对百姓无尽的爱，对党和人民事业无尽的忠诚，证明了这样一句朴素的话语：群众利益无小事。只有心里装着百姓，才能为百姓尽心竭力做好事、办实事、解难事。任长霞以她执着的生前事与光荣的身后名，验证了这样一个朴素的道理：群众在干部心中的分量有多重，干部在群众心中的分量就有多重。任长霞以她璀璨夺目的人生轨迹，为广大公安干警和其他人，树起了好的榜样。她是老百姓心中的彩霞。

《人民日报》（2004 年 06 月 07 日　04 版）

陈　薇

陈薇，女，汉族，中共党员，1966 年 2 月生，浙江兰溪人，军事科学院军事医学研究院生物工程研究所所长、研究员。第十二届全国人大代表，第十三届全国政协委员。她长期致力于生物危害防控研究，研制出我军首个 SARS 预防生物新药“重组人干扰素 ω”、全球首个获批新药证书的埃博拉疫苗。新冠肺炎疫情发生后，她闻令即动，紧急奔赴武汉执行科研攻关和防控指导任务，在基础研究、疫苗、防护药物研发方面取得重大成果，为疫情防控作出重大贡献。荣获“全军防治非典先进个人”“全国十大杰出青年”等称号。2020 年获“人民英雄”国家荣誉称号。

“人民英雄”国家荣誉称号获得者陈薇——

“除了胜利，别无选择”

李龙伊

新冠肺炎疫情发生后，闻令即动，带领团队第一时间“逆行”武汉，在基础研究、疫苗、防护药物研发方面取得重大成果，为疫情防控作出重大贡献……

9 月 8 日，全国抗击新冠肺炎疫情表彰大会在北京人民大会堂隆重举行，中国工程院院士、军事科学院军事医学研究院研究员陈薇获颁“人民英雄”国家荣誉称号奖章。

9 月 1 日晚，专题电视节目《开学第一课》现场，陈薇分享了关于新冠疫苗诞生的故事和知识，以及她与团队在抗疫前线与病毒作战的经历。陈薇说，2 月 26 日第一批疫苗在生产线下线的那天，正好是自己的生日。收到领导和朋友们给她发的祝福，陈薇当时回复了 8 个字：“除了胜利，别无选择！”

“疫情就是军情，现场就是战场”

1 月 26 日，武汉关闭离汉通道的第四天，陈薇率领军事医学专家组紧急奔赴武汉，围绕病原传播变异、快速检测技术、疫苗抗体研制等课题，迅速开展应急科研攻关，与军地有关单位建立起联防、联控、联治、联研工作机制。

核酸检测是有效防控新冠肺炎疫情的关键技术支撑。刚到武汉时，当地病毒核酸检测需求量非常大，迫切需要提升日检测量。

“疫情就是军情，现场就是战场。”在陈薇指挥下，短短 24 小时内，一座负压帐篷式移动实验室，在中部战区总医院药剂楼旁迅速搭建起来。在这个实验室里，应用自主研发的检测试剂盒，配合核酸全自动提取技术，核酸检测时间大大缩短，迅速形成日检 1000 人份的核酸检测能力。

为加快推进科研与临床有效融合，陈薇率领科研人员在病原学、免疫学、空气动力学等领域展开研究，快速建立病毒鉴定链条，精准诊断临床患者感染类型，率先在火神山医院等 3 家医院推广应用，有效提高了临床诊断准确率。

没有从天而降的英雄，只有挺身而出的凡人。看到电视新闻，陈薇父亲才知道女儿又冲到了一线。2 月 3 日，陈薇挤出时间往家中打了新春第一个电话。整个春节，陈薇没怎么顾上和家里联系，只发过几条信息。终于接到了女儿的电话，陈薇的母亲笑了。父母都清楚："她是国家的人。"

"要牢记自己的使命，在关键时刻冲得上去，在危难关头豁得出来，这才是真正的共产党员。"在军事医学专家组火线入党仪式上，陈薇嘱咐新入党的科研人员，这也是她对于职责使命的理解。

"几十年积累的十八般武艺，都用上了"

疫苗，是目前抗击新冠肺炎最有力的科技武器。在武汉，陈薇率领团队与后方科研基地联合作战，集中力量展开应急科研攻关，争分夺秒开展腺病毒载体重组新冠病毒疫苗的研究。陈薇领衔的新冠疫苗研制团队，也被视为疫苗研发的"种子选手"。

这是一个个值得铭记的闪光时刻——

3 月 16 日，陈薇带领科研团队研制的新冠病毒疫苗，成为国内第一个获批正式进入临床试验的疫苗；4 月 10 日，完成疫苗一期临床试验接种的 108 位志愿者，全部结束集中医学观察，健康状况良好；4 月 12 日，该疫苗开展二期临床试验，成为当时全球唯一进入二期临床试验的新冠病毒疫苗，相关试验结果已在国际学术期刊《柳叶刀》上在线发表；8 月 11 日，该疫苗获得国家专利，成为国内首个进入临床获得专利权的新冠疫苗。目前，三期国际临床试验正在有序推进。

9 月 7 日，陈薇表示，团队研发的重组新冠疫苗，对已经发生变异的新冠病毒能够完全覆盖。从目前来看，年产 3 亿的目标是可以实现的，他们正在努力扩大产能。"几十年积累的十八般武艺，都用上了。"陈薇说。

陈薇的朋友评价她："不是在实验室，就是在去实验室的路上。只要她一钻进实验室，啥时候出来都不知道。"陈薇说："穿上了这身军装，这一切就都是我该做的。"

“继续奋发努力，不负使命、不负时代”

虽然国内疫情已经得到有效控制，但全球新冠患者仍持续增加。“这次抗疫过程中，暴露了很多短板和不足，也使我们有更深的危机感和更重的责任感。”陈薇说。

此次奔赴武汉，陈薇已不是第一次与病毒“短兵相接”。1991 年，刚刚获得清华大学工学硕士学位的陈薇没有选择轻松高薪的工作，而是选择参军入伍。29 年来，在与病毒的较量中，陈薇拿下了一个又一个军功章——

2003 年抗击非典时期，凭借敏锐的科研直觉，陈薇与课题组连夜进入生物安全实验室。受实验环境限制，陈薇很少喝水，也很少去洗手间，经常在实验室里工作十几甚至几十个小时。功夫不负有心人。数月后，团队研制的“重组人干扰素 ω”，对 SARS 病毒的攻击有较好的防护作用。

2014 年，西非大规模暴发埃博拉疫情，并迅速向外蔓延。那时国内没有埃博拉病例，陈薇也毅然决然地选择挺身而出，率队赴非。她说：“埃博拉离中国，只有一个航班的距离。”同年 12 月，陈薇率团队研发出世界首个 2014 基因型埃博拉疫苗，该疫苗也是首个冻干剂型埃博拉疫苗，实现了我国自主研发疫苗境外临床试验“零”的突破。

入伍 29 年，陈薇的研究对象都是些常人避之不及的疫病，被同事称为“魔鬼课题”。正是有着长期与病毒“打交道”的经验，她与科研团队能够在此次新冠肺炎疫情期间尽快研制出疫苗并付诸临床试验。

“作为一名军事医学科研人员，我特别希望我们这艘科研‘战舰’能够乘风破浪、行稳致远。”陈薇说，“我和团队将为此继续奋发努力，不负使命、不负时代。”

（李虹萦参与采写）

《人民日报》（2020 年 09 月 12 日　04 版）

致敬伟大抗疫精神

李浩燃

人无精神则不立，国无精神则不强。精神的力量是无穷尽的，引领人昂扬向上，感召人发愤图强，激励人勇毅前行。

“在这场同严重疫情的殊死较量中，中国人民和中华民族以敢于斗争、敢于胜利的大无畏气概，铸就了生命至上、举国同心、舍生忘死、尊重科学、命运与共的伟大抗疫精神。”9 月 8 日上午，全国抗击新冠肺炎疫情表彰大会在北京人民大会堂隆重举行，习近平总书记发表重要讲话，科学概括了伟大抗疫精神，深刻阐明了伟大抗疫精神的精神实质和丰富内涵，强调要在全社会大力弘扬伟大抗疫精神，使之转化为全面建设社会主义现代化国家、实现中华民族伟大复兴的强大力量。

“令出如山”“生死阻击”“坚强防线”……日前，6 集纪录片《同心战“疫”》陆续播出，全景展现了中国人民抗击新冠肺炎疫情的历程，唤起了刻骨铭心的记忆。“我必须跑得更快，才能从病毒手里抢回更多病人”，这是身患渐冻症的张定宇同志说出的平实感言；“2003 年非典的时候你们保护了我们，今天轮到我们来保护你们了”，这是“90 后”“00 后”发出的青春誓言。从白衣为甲、逆行出征的医务人员到大爱无疆、无私奉献的志愿者，从临危受命、紧急攻关的科研人员到无惧寒暑、坚守岗位的社区工作者……长城内外、大江南北，在没有硝烟的战场上，处处都有冲锋陷阵的身影，处处都闪耀着伟大抗疫精神。

精神是一个民族赖以长久生存的灵魂。“唯有精神上站得住、站得稳，一个民族才能在历史洪流中屹立不倒、挺立潮头。”面对突如其来的疫情，在以习近平同志为核心的党中央坚强领导下，举国同心、众志成城，亿万人民谱写了威武雄壮、气壮山河的凯歌，为以爱国主义为核心的民族精神和以改革创新为核心的时代精神注入新的内涵，成为抗疫决胜的“硬核”支撑。正如习近平总书记所指出的，“伟大抗疫精神，同中华民族长期形成的特质禀赋和文化基因一脉相承，是爱国主义、集体主义、社会主义精神的传承和发展，是中国精神的生动诠释，丰富了民族精神和时代精神的内涵。”

“天行健，君子以自强不息。”同困难作斗争，是物质的角力，也是精神的对垒。在斗争中凝结升华的伟大抗疫精神，是我们不畏艰险战“疫”到底的强大动力，更是我们无惧风浪、砥砺前行的坚实支撑。当前，世界百年未有之大变局加速演进，国内改革发展稳定任务艰巨繁重，我国正处于实现中华民族伟大复兴关键时期。擦亮精神底色，激扬精神力量，在任何困难和风险面前都从来不放弃、不退缩、不止步，百折不挠为自己的前途命运而奋斗，这样的民族必将步履铿锵、拥抱光明前景，是任何人任何势力都无法阻挡的。

在这次表彰大会上，习近平总书记向钟南山等抗疫功勋模范人物颁授勋章奖章。庄严而温暖的一幕，成为对抗疫英雄的最高礼赞，启示着榜样的意义、精神的价值。伟大的斗争，能够写下彪炳史册的篇章，迸发激荡人心的精神力量。砥砺于磨难，丰富于实践，成长于斗争——秉持在战“疫”中锻造的信念，弘扬在斗争中淬炼的精神，我们必将在新长征路上征服一个个“娄山关”“腊子口”，夺取一个又一个新的胜利。

不久前，集纳66封书信的《战“疫”书简》出版发行，封面上的一句话蕴涵丰厚：“致敬从未被苦难驯服的我们”。今天，我们致敬伟大抗疫精神，就是致敬勠力同心、锐意进取，就是致敬不畏险阻、英勇斗争。而最好的致敬，莫如从我做起、躬身践行，以不弃微末、久久为功的姿态接续奋斗，把精神的力量转化为攻坚克难的澎湃动能！

《人民日报》（2020年09月09日　06版）

王　伟

王伟，男，汉族，中共党员，1968 年 4 月生，浙江湖州人，1986 年 6 月入伍，生前系原南海舰队航空兵某团中队长，一级飞行员。2001 年 4 月，在执行对美军电子侦察机跟踪监视飞行任务时，为保卫祖国领空，遭美机撞击被迫跳伞坠海壮烈牺牲。被中央军委追授海空卫士荣誉称号，被追授中国青年五四奖章。

海空卫士——王伟

陈万军　袁华智　吴瑞虎　郭　嘉

春天的鲜花为英雄绽放，南海的波涛为英雄吟唱。连日来，神州大地到处传颂着一个英雄的名字——“海空卫士”王伟。

北京，人民大会堂。4 月 20 日上午，中共中央总书记、国家主席、中央军委主席江泽民以及李鹏、朱镕基、尉健行等中央领导同志，亲切会见了“海空卫士”王伟的妻子阮国琴和他的父母。

“王伟同志为了保卫国家主权和安全，献出了年轻的生命”；“王伟同志的精神是永存的，人民会永远记住他。”江泽民主席的声音，回荡在人民大会堂，回响在祖国的万里河山。

短短 20 天，江泽民主席多次对搜寻王伟作出指示；签署命令授予王伟“海空卫士”荣誉称号；发出向王伟学习的号召。这是党中央和中央军委对一名卫国献身的普通军人的最高褒奖。

胸怀祖国　让理想在岗位上闪光

2001 年 3 月 31 日，星期六。晚 6 时 30 分，王伟从飞行中队给妻子打电话，略带歉意地告诉她：“队里人手紧张，我替别人顶班，今晚就不回家了。”阮国琴万万没有想到，这竟是他们夫妻的最后诀别。

4 月 1 日。王伟用忠诚飞完了生命的最后航程。

壮丽的人生瞬间，源于对崇高理想的不懈追求。还是一名中学生时，王伟就坚定了从军报国理想。他在日记中写道：“能成为一只翱翔蓝天的雄鹰，是我人生最大的追求！”正是这种追求，使他放弃了报考地方大学的机会，放弃了具有发展潜质的艺术特长，放弃了难得的经商机会。

1986年6月，王伟如愿成为一名光荣的军校飞行学员。四年的军校锻炼，他用忠诚诠释了责任的含义，以每门功课全优的成绩取得了翱翔蓝天的通行证。

通往理想的路，充满艰辛，伴随奉献。在追求理想的航程中，王伟不断挑战自我，超越自我，让理想插上忠诚的翅膀，随战鹰在祖国的海空跃升。

王伟自幼向往大海。在他看来，望着辽阔无垠的大海，会使人的胸襟像大海一样无私坦荡；听着生生不息的波涛声，会使人的意志变得勇敢坚强。1991年6月，王伟从空军某航校毕业时，主动要求到海军部队工作。在选择去向时，他又毅然提出到天涯海角，守卫祖国的南大门。尽管亲友们希望他能分到离家乡近一点的上海、杭州或是常州，尽管他也希望作为父母的独生子能多尽一份孝心，减少一份父母的牵挂，但他却初衷不改。面对劝说的亲朋好友，他深情地说："美好的生活人人向往，但总得要有人做出牺牲。对我来说，祖国的需要永远是唯一的选择。"结婚后不久，王伟又说服双方老人，动员妻子随军到部队。海南陵水与浙江湖州，无论是生活条件还是气候条件，都不可同日而语。妻子随军后，没有像样的工作，只好在部队服务社上班，收入也比在湖州少得多。但妻子没有埋怨他，她理解丈夫对飞行事业的执著：在王伟的心目中，没有比驾驶战机为祖国巡逻更神圣、更自豪的了。

阮国琴清楚地记得，王伟探家时，一位转业到民航工作的航校同学到他家做客，向王伟介绍他的收入高出部队十多倍，还有自己的房子和汽车。当这位同学询问王伟今后的打算时，王伟平静地回答："挣钱的机会人人都有，但穿上军装报效祖国的机会不是每一个人都能争取到的。"在这个假期里，每当听到天空有飞机轰鸣声，王伟就会兴奋得跑到外面，仰天注视，迟迟不肯进家门。细心的妻子知道丈夫离不开他的神圣岗位，离不开他魂牵梦萦的战鹰，只好让他提前归队。

作为共和国的一名年轻飞行员，王伟用他的行动实践着"让理想在飞行岗位上闪光"的誓言。部队每次改装新机种，他总是第一个报名参加。一次，王伟得知某型战机的改装任务即将开始，为了争取这次机会，他动员第一次怀孕的妻子做流产手术。王伟动情地对妻子说："我不想错过飞新机种的机会，趁年轻，飞上十个八个机种，是我最大的愿望。"妻子含泪答应了他。如愿以偿的王伟，全身心地投入到对新装备的钻研和掌握中。为了检验自己对新机型的精通程度，他让战友轮流考问他，并自告奋勇当起"擂主"，希望有人问倒他。几个月后，他第一个驾驭新型战机巡航祖国海空。

1998年春，已经飞过两种机型的王伟，了解到部队即将装备国产先进歼击机，又一次报名申请首批飞行。有人劝他："一旦改装，又是从零开始，你又成了一名新飞行员。像你这样的飞行技术，在别的部队早已干上大队长了。"王伟却不为所动。他说："我不在乎当官，只要能早一天飞上新机种，无论个人付出多大的代价我也愿意。"短短几年间，王伟凭着对飞行事业的忠诚，赢得了熟练掌握三种新型战机的过硬飞行本领，成为一名守卫祖国南大门的海天骄子。

在某飞行团的飞行日志上，记载着王伟闪光的航迹：截至今年3月31日，他已安全飞行1152小时6分钟，起飞2000余架次。这一组数字，是他用青春谱写的一曲理想壮歌。

苦练精飞　用汗水磨砺倚天长剑

在15年飞行生涯中，王伟不断书写着一个个骄人的"第一"：在飞行学院同期学员中，他第一个放单飞翱翔蓝天；在飞行部队3次装备更新中，他每次都是第一个担负战备值班任务；在同一批飞行员中，他第一个飞满1000小时，成为能飞4种气象的"全天候"飞行员；在同龄飞行员中，他战斗起飞的次数最多，执行重大任务的次数最多。这一个个"第一"，是王伟苦练精飞的印证。

"水兵爱大海，骑兵爱草原，要问飞行员爱什么，我爱祖国的蓝天……"这首《我爱祖国的蓝天》是飞行员最爱听、最爱唱的一首歌曲。在海军航空兵某部迎接新飞行员的联欢会上，初来乍到的王伟自告奋勇地站起来，指挥大家唱出了心中的壮志豪情。

为掌握过硬的飞行本领，每次装备更新，王伟都坚持苦练精飞，刻苦钻研装备原理，反复练习每一个飞行动作。他积累的训练笔记，常被打印成册，成为战友们的学习教材。他在全团率先把飞行理论、战术理论知识运用计算机编程，转化成形象逼真的图形，增强学习效果。面对新的技术领域，他一项一项钻研，当天学的内容，当天消化吸收，就是回到家里或在外场值班，也要掏出笔记本，记上一条原理，背上一组数据。有时为弄通一条原理，他趴在原理图前来回推导，常常三四个小时不挪动一步。

2000年初春，团里组织夜间编队科目训练，王伟飞僚机。夜间训练光线较暗，他觉得夜间长机、僚机的距离不好判断，倘若距离判断不好就会诱发一些不安全因素。那些天里，王伟除了向老同志请教外，还暗地里琢磨点子。正巧那段时间同室的战友出差在外，他就在熄灯之后悄悄加夜班。有一天晚上，他躺在床上还想着夜航编队飞行的事。突然发现从门缝里透进一缕月光，一下子触动了他的灵感，他翻身坐起，拿出两只手电筒，分别比作长机和僚机的航行灯，独自一人在房间里来回行走，反复体会，用这种方法，来判断自己与长机的距离。正式夜间编队训练那天，他果然飞出了好成绩。

王伟有非常强烈的“前沿”意识，目光始终盯着现代高技术的制高点。团里成立新战法研究小组，他第一个报名参加；团里的战法研究室，他去的最多。去年，团里进行一项战法研究，王伟主动承担了图上演示部分。他利用三维动画，把战法表演得惟妙惟肖，并制成多媒体供大家借鉴。在王伟看来，一个优秀的飞行员必须是一个智能型的，不仅要会空中精飞还要动脑飞。他的战法研究非常广泛，不但把对手的各型飞机研究透，还把对手的舰船摸个清；他不但研究打飞机，还研究打导弹。无论是舰机对抗，还是异型机合练；不管是他扮演红方，还是充当蓝军，都能出色地完成任务。

严格训练，科学操作，按章飞行，锻造了王伟矫健的翅膀。一本《国际航空飞行规定》被王伟翻阅得卷起了毛边，里面的重要条款，他都烂熟于心。在全师“飞行法规和国际法知识竞赛”中，他以满分的成绩获得优胜奖。王伟还有一样须臾不离的“宝贝”，那就是他的掌上电脑，里面储存了《空中特殊情况处置手册》，只要有空儿他就打开，认真复习。他在2000多架次的飞行经历中，积累了丰富的海上飞行经验，从未发生过“错、忘、漏”现象和事故征候。

不辱使命　用热血铸起尊严丰碑

4月1日8时36分，一阵战斗警报声骤然响起。王伟和赵宇百米冲刺般跑向战机。他们记不清有过多少次这样的警报声划破甜美的梦乡，记不清有过多少回如此紧张的起飞打破节假日的安宁。

多年来，美国军用侦察机频繁到我国近海活动，在我沿海实施空中侦察，对我国家安全构成严重威胁。位于南海前哨的海军航空兵某部，为捍卫国家主权一次次派出战机进行跟踪监视，王伟和他的战友最多时一天紧急起飞 3 批次执行任务。他们在对美国军用侦察机一次又一次跟踪监视中，大义凛然，坚定无畏，忠诚履行着捍卫国家主权与尊严的神圣使命。

前年除夕，全国人民正欢天喜地迎接传统佳节。中午 11 时 30 分，一阵急促尖厉的警报响起，担负战斗值班的王伟和段辉扔下饭碗，驾机升空。目标越来越近，是美国的军用大型电子侦察机！他们发现座舱里的美国飞行员个个戴着一顶“圣诞帽”。在西方，慈祥的“圣诞老人”为人们送去祝福，是平安与祥和的象征。而此时，一个国家的军用侦察机飞行员戴着“圣诞帽”抵近另外一个主权国家的领空，送来的“圣诞礼物”却是威胁和挑衅！

今年 1 月 24 日，新世纪第一个春节。美国军用侦察机又来侦察骚扰，他们似乎专挑这样的时候跑来捣乱。王伟和战友高秉礼奉命去和“老对手”周旋。7 天的春节假期里，他俩两次战斗起飞。对抵近我国侦察的外国军用飞机实施跟踪监视，是维护我国国家安全的需要，完全符合国际惯例。

今天，“不速之客”又来了！王伟和赵宇紧急升空，战鹰仰首直刺海天，上升高度，调整航向，空中编队，向目标飞去……

几分钟后，王伟和赵宇发现左前方有一架大型飞机。他们向目标接近，很快判明这是美国的 EP—3 型军用电子侦察机，正向我海南岛三亚外海抵近侦察。王伟、赵宇迅速调整航向，驾驶战鹰与美机同向同速飞行。

王伟和赵宇都是多次和狡猾的美国军用侦察机打交道了，熟知美国军用侦察机常常利用双方飞机性能上的差异，尤其是利用侦察机擅长低速飞行的长处，玩弄各种花招和伎俩，如“减慢速度”“贴云飞行”等，企图摆脱我机跟踪。狂妄傲慢的美机还经常忽上忽下，突然左右坡度转弯，一次次做出极危险动作，挑衅我方飞行员。

这一次，王伟和赵宇当然知道该怎样对付这个“老对手”。他们沉着冷静，在我海南岛一侧平稳编队飞行，美国 EP—3 飞机在外侧。突然，美机大动作转向，向王伟的飞机撞压过来！美机左机翼外侧螺旋桨将王伟驾驶的飞机垂直尾翼打成碎片。王伟的战机发出一阵惨烈的怒吼，呈右滚下俯状坠落。

此时，长机赵宇难以相信，从翻滚坠落的飞机上依然传来了王伟镇定的报告声：“飞机控制失灵。”王伟还在继续驾驶着已经完全失控的战机。

1秒，2秒……8秒，9秒……将个人生死置之度外的王伟与坠落的战机在空中翻滚，他在用自己血肉之躯为救护战机作最后的冲刺。赵宇大声命令：“跳伞！”

没有回音，但闻惊天动海的呼啸；尽管匆忙，却是从容不迫的告别。王伟离开了自己心爱的战机，犹如一颗流星用自己最后的光芒，在海天之际划出一道壮丽的彩虹。

降落伞缓缓下落，一只不屈的雄鹰在南中国海盘旋、盘旋……

战机悲壮地扑向大海，激起冲天巨浪，竖立起一座尊严的丰碑。

热爱生活　用爱心书写真实的人生

这些天来，在王伟工作和生活过的营区、宿舍，一簇簇鲜艳夺目的三角梅、九里香等花卉，在春天的阳光沐浴下竞相绽放。望着这些由王伟亲手培植的造型各异的盆景，战友们禁不住潸然泪下。

王伟十分钟爱生命力极强的三角梅。工作之余，他把它们塑造成各式各样的战鹰雄姿，有的像战斗机，有的像轰炸机，还有的像两架战斗机在编队飞行。他把对飞行事业的热爱和对美好生活的追求，融进一花一木之中。

王伟像一团火，对生活充满着激情。笔记本的封面上，他用钢笔勾勒出自己戴着飞行头盔的头像，左上角画着一架直插云霄的战鹰，左下角竖写着一行遒劲有力的楷书“天高任我飞”。

在王伟的电脑里，存放着一幅尚未完成的画稿。上方是一位全副武装的飞行员驾战鹰翱翔海空，下方是一艘大型战舰的轮廓。在打草稿时，站在身旁的妻子阮国琴评价道：“你这幅画蛮有超前意识。”王伟对妻子说：“当代军人不把目光盯着未来就不称职。”今年3月30日晚上，离家到部队值班的王伟告诉妻子：“等‘五一’放假，我就把它画完。”王伟走得太匆忙，匆忙得来不及再用色彩语言抒发他的凌云壮志，而他留给人们的是一幅用生命热血画成的英雄画卷。

热爱生活的王伟，用自己的才华创造着美好生活的空间。为丰富军营文化生活，他发挥文艺特长，教战友们唱歌，部队组织歌咏比赛，他总是担任指挥和领唱；他酷爱美术，创作的一幅幅反映飞行员火热生活的油画，多次在上级组织的比赛中获奖；他喜爱摄影，为战友和亲人们拍下了一个又一个难忘瞬间；他为中队、大队出的一期期板报，为飞行员俱乐部设计的形象标志，新颖别致，独具匠心，为军营增添了一道道亮丽的风景线。

“一个人把自己最宝贵的东西奉献给祖国和人民，他的一生也就最壮丽。”为战友，为他人，王伟捧出了一颗炽热真挚的博大爱心。战士史册华被分到炊事班后，工作打不起精神。为帮助小史正确对待工作分工，王伟一有时间就找他谈心，陪他下棋，约他散步，还送上一些烹饪方面的书。王伟兄长般的真情关爱感动了小史，他逐渐安心炊事工作，不久还当上了班长，加入了党组织。

在团里，战友们有事都愿找王伟帮忙。战友要理发，他随叫随到；帮报考军校的战士辅导功课，他不厌其烦；兄弟单位请他写美术字，他从不推辞。飞行员刘长松的女儿患急性肺炎住院，王伟听说后，便主动找团领导要求替他值班，让刘长松回家照顾女儿。战友叶潮嵩想学电脑，王伟手把手地教，使他很快掌握了微机操作技能；大队文书潘家伟经常为飞行员家里换煤气罐，跑来跑去很辛苦，王伟就把自己的一辆自行车送给了小潘……

王伟深爱着他的亲人。在妻子阮国琴的眼里，他是一个温柔体贴的好丈夫。妻子随军后，由于飞行员的特殊职业要求，他们总是离多聚少。王伟每周只有一两天能回家吃饭，每次回家他总要扎上围裙，做上几道妻子爱吃的家乡菜。去年8月，在他们结婚纪念日这一天，王伟特意买了一块漂亮的真丝面料，为妻子裁制了一条新颖的时装裙子。今年2、3月间，阮国琴生病住院，王伟昼夜陪护着，为妻子煲汤熬药，洗脸洗脚，有几次累得在病房里打起了呼噜。他给妻子许下诺言：“等你身体康复后，带你回老家看望父母，陪陪我们的儿子，好好享受一下阖家团聚的天伦之乐……”

王伟，亲人在呼唤你，战友在呼唤你，人民在呼唤你！

你在春天里离去，遍野的山花为你编织绚丽的花环；你在海空中离去，白云碧涛为你书写不朽的挽联。

英雄王伟，你在大海中永生！

《人民日报》（2001年04月23日　01版）

伟大时代的英雄战士

人民日报评论员

中央军委举行大会，授予王伟同志“海空卫士”荣誉称号，这是党和人民对王伟同志的最高褒奖，表达了我军全体官兵维护国家主权、保卫祖国安全的坚强意志，反映了全国各族人民对英雄的崇高敬意和实现中华民族伟大复兴的坚定信念。

王伟同志是新时期人民军队涌现出来的又一位英雄战士，是当代中国军人的杰出代表。只有培育了千千万万个董存瑞、黄继光的人民军队，只有经过了改革开放伟大时代洗礼的人民军队，才能涌现出王伟这样的英雄。王伟，模范地实践了我党我军的根本宗旨，忠实地履行了我军的根本职能。他用青春的热血、年轻的生命谱写的爱国主义和革命英雄主义壮歌，响彻云霄，萦绕千秋。

多年来，美国政府不顾我国政府的一再交涉，无视国际法有关规则，滥用飞行自由，频繁派飞机到我国近海空域实施危害我国安全的侦察活动。美国政府必须认识这一事件的严重性，认真对待中方立场，向中国人民作出交代，停止在中国沿海进行侦察活动，防止类似事件再次发生。只要存在霸权主义和强权政治，世界就不得安宁，世界人民决不能放松警惕。

中国人民解放军是保卫祖国的钢铁长城，肩负着维护国家主权、安全和统一的神圣职责。全军指战员一定要以王伟同志为榜样，学习他坚定的政治信念、远大的报国志向和对党对人民的赤胆忠诚；学习他严格训练、刻苦钻研、精益求精、努力掌握现代军事技术和作战本领的进取精神；学习他忠于职守、英勇顽强的大无畏英雄气概；学习他热爱生活、热爱工作、团结同志、乐于奉献的高尚情怀。

学习王伟同志，最重要的是把爱国热情化为实干精神和强国力量。一个国家要维护自己的独立和安全，一个民族要维护自己的地位和尊严，必须有强大的综合国力作后盾。我们要坚定不移地贯彻党的“一个中心、两个基本点”的基本路线，集中精力把经济建设搞上去，一心一意地把自己的事情办好，全面推进改革开放和社会主义现代化事业，不断增强我国的经济实力、国防实力和民族凝聚力。只要我们万众一心，奋发图强，社会主义中国就会始终充满生机和活力，永远立于不败之地。

“青峰几处红蕾，一夜万山霞帔，擎来数枝向南海，献给英雄王伟。”王伟走了，王伟没有走。他的精神与人民同在，与时代同行，激励着全军将士和全国人民迈进在实现社会主义现代化建设第三步战略目标的征程上。中华民族从来是热爱和平的，从来是不畏强权的，中华民族的伟大复兴是历史发展的必然，任何艰难险阻都挡不住我们前进的步伐。让我们更加紧密地团结在以江泽民同志为核心的党中央周围，艰苦奋斗，自强不息，开拓创新，励精图治，创造中华民族更加灿烂辉煌的未来。

《人民日报》（2001 年 4 月 25 日　01 版）

艾热提 · 马木提

艾热提 · 马木提，男，维吾尔族，中共党员，1969 年 10 月生，新疆皮山人，生前系新疆维吾尔自治区和田地区皮山县公安局副局长。从警 27 年始终奋战在基层一线，紧紧围绕社会稳定和长治久安总目标，充分发挥反恐处突实战经验丰富的优势，事事冲锋在前，带领公安干警成功侦破一系列案件。2016 年 9 月在搜捕公安部 A 级逃犯时遇自杀式爆炸袭击，身负重伤，经全力抢救无效，壮烈牺牲。他以大无畏的牺牲精神诠释了一名人民警察忠诚于党、忠诚于人民的铮铮誓言。荣获全国公安系统一级英雄模范。

用生命践行铮铮誓言

——追记“人民英雄”国家荣誉称号获得者艾热提·马木提

帕热扎提　买买提·艾依提

9月17日，生前为皮山县公安局副局长的艾热提·马木提被授予“人民英雄”国家荣誉称号。

从警27年，艾热提历任和田地区皮山县科克铁热克乡派出所所长、皮山县公安局副局长。2016年9月，在搜捕公安部A级逃犯时遇自杀式爆炸袭击，身负重伤，经全力抢救无效，壮烈牺牲，将生命定格在了46岁这一年。

“艾热提局长是带着他的初心和使命离开的，他用实际行动诠释了一名人民警察忠诚于党、忠诚于人民的铮铮誓言。”对在艾热提之后继任科克铁热克乡派出所所长的木塔里甫·麦麦提来说，艾热提不仅是和他一起出生入死十几年的兄弟，更是他从警道路上的“引路人”。

艾热提牺牲后，被追授“全国公安系统一级英雄模范”称号，被批准为烈士。2016年12月，当选中央电视台2016年度法治人物颁奖礼“年度致敬英雄”。

勇担责任：危险时刻冲锋在前

1989年，毕业于新疆人民警察学校（现新疆警察学院）的艾热提，回到家乡成为一名人民警察。从警以来，艾热提先后13次被评为优秀公务员、先进个人、优秀党员，荣立个人二等功1次、个人三等功5次，并荣获“全疆人民满意派出所所长”荣誉称号。

战功累累的背后，是一根根“啃”下来的硬骨头、一个个“拼”出来的答案。

时间回到2016年夏日的那个午后。

时任皮山县公安局副局长的艾热提获得消息：在皮山县某地可能发生危险事

件，他迅速组织警力出发。谁也不曾想到，这一次他没能像以往一样凯旋。

从派出所到皮山县公安局，每当危险出现，第一个进入现场中心、最靠近潜在危险的总是艾热提。“我经验丰富”“你的孩子还小”“我们不好跟你的父母交代”……艾热提总是为他的战友、同事考虑，却常常忘了自己家里尚有3个女儿需要父爱的呵护。

“在我的印象中，父亲为人和善、工作认真、勇敢坚强，是一位英雄、一位伟大的父亲。”追随父亲的脚步，大女儿古丽米热·艾热提也成为一名人民警察，她自豪地说，“父亲虽然走了，但他的精神还在，他的谆谆教诲一直鼓励我前进，我也要做一名像父亲一样优秀的人民警察，完成父亲未完成的心愿。”

誓言铮铮：激励后人继续前行

艾热提心里始终装着一个誓言、一个任何困难任何疾患都难以阻挡的承诺——忠实履行人民警察职责，鞠躬尽瘁、义无反顾。参加公安工作后，政治立场坚定、性格勇敢顽强、工作认真负责的艾热提，很快就投入到与“三股势力”的斗争中。

2013年，木塔里甫·麦麦提刚到派出所工作时，整整3个月艾热提都没有安排工作给他，这让木塔里甫很着急。于是，木塔里甫就主动要求与老民警一起办案，学会了很多业务知识。3个月后的一天，艾热提和木塔里甫谈心，并告诉他，之前都是在观察他，看他是不是有上进心、事业心，同时也在观察他的长处和性格特点。

“他什么工作都带头干，对案件处理公平公正。只要有不懂的，他都能耐心地给我解答。”木塔里甫回忆说，“这样的所领导、老大哥，怎能不让大家由衷地尊敬呢？”

“艾热提局长就是这样，有危险的时候总是第一个上。”木塔里甫说，“虽然他已经牺牲，但他的身影永远在我们脑海当中，他的精神永远激励着我们继续前行。”

爱民情深：总把群众放在首位

艾热提牺牲的消息，牵动了千千万万人的心，他生前工作过的科克铁热克乡和县城里的许多群众自发赶来参加他的葬礼。

葬礼上，科克铁热克乡库木艾日克村村民托合提买买提·赫依提和儿子麦麦提·托合提买买提早早赶到现场，他们泪流满面，悲痛难忍，“艾热提局长对我们家有恩，他也像我的孩子一样，我今天是来送他最后一程的。”托合提买买提说。

2015 年 7 月 3 日，皮山县发生地震，科克铁热克乡很多房屋倒塌，托合提买买提一家四口人都被困在房中，情况十分危急。艾热提到达现场后，迅速组织救援，亲自上阵救出一家人。地震当天，艾热提带领民警从废墟中救出 20 余名群众，疏散群众 5000 多人次，抢救群众财物价值 10 余万元。

“其实，艾热提的家也受灾了，但他顾不上回家看一眼。”托合提买买提回忆道，“在危难关头，他总把工作和群众放在首位。”

帮麦麦提·阿吾提老人更换新电表、送余九利去医院医治……艾热提热爱自己的工作，也深爱着这方水土和生活于此的群众，群众对他的评价出奇地一致：好人、好警察。

艾热提在工作中一直恪守“对敌人打得要狠，对人民群众爱得要真”的原则，正因如此，他靠人格和实绩，树立了人民警察的良好形象，赢得了民心，在人们的心中树起了一座永远屹立的丰碑。

《新疆日报》（2019 年 09 月 19 日　04 版）

像英雄模范那样奋斗

樊虹壹

9月29日，在全国各族人民共同庆祝中华人民共和国成立70周年之际，中共中央总书记、国家主席、中央军委主席习近平向国家勋章和国家荣誉称号获得者颁授勋章奖章，将国家最高荣誉授予为新中国建设和发展建立了卓越功勋的杰出人士和为促进中外交流合作作出杰出贡献的国际友人。

在这些熠熠生辉的名字当中，有两个新疆人非常熟悉的名字赫然在目。皮山县公安局原副局长艾热提·马木提获“人民英雄”国家荣誉称号，乌恰县吉根乡护边员布茹玛汗·毛勒朵获“人民楷模”国家荣誉称号。艾热提·马木提2016年9月在搜捕公安部A级逃犯时遇自杀式爆炸袭击，生命永远定格在46岁。他以大无畏的牺牲精神诠释了一名人民警察忠诚于党、忠诚于人民的铮铮誓言。布茹玛汗·毛勒朵默默无闻地将青春年华奉献给祖国的守边事业，在边境线数不清的石头上刻下“中国”两个字，这些“中国石”成为当地守边护边、彰显爱国情怀的象征。艾热提·马木提和布茹玛汗·毛勒朵守初心、担使命的事迹和崇高精神感召着新疆各族干部群众，汇聚成推动新疆改革发展稳定各项工作的磅礴力量。

在艾热提·马木提和布茹玛汗·毛勒朵身上有着共同的精神特质，那就是对伟大祖国的无比热爱，对党的事业的无比忠诚，以及为了国家统一、民族团结、人民幸福，不怕流血流汗、甘于奉献牺牲的拼搏奋斗精神。放眼天山南北，新中国成立70年来，从“踏遍昆仑四十载，只为团结幸福水”的水利专家王蔚身上，从扎根边疆守护各族群众健康的“当代雷锋”庄仕华身上，从克服重重困难办好国家通用语言小学的“改革先锋”库尔班·尼亚孜身上……以及许许多多英雄模范身上，我们都看到这样一种明亮耀眼的精神特质，正是这样一种精神，推动祖国的新疆从贫穷落后走向发展进步，走向更加美好的明天。

在颁授仪式上，习近平总书记说："今天我们以最高规格褒奖英雄模范，就是要弘扬他们身上展现的忠诚、执着、朴实的鲜明品格。"伟大出自平凡，平凡造就伟大。一个个英雄模范也是普通人，他们之所以能够创造彪炳史册的光辉业绩，将丰碑永远树立在人民心中，关键是"他们身上展现的忠诚、执着、朴实的鲜明品格"。新时代，谱写好实现中华民族伟大复兴中国梦的新疆篇章，更需要我们以这些英雄模范为榜样，坚守一心为民的理想信念不动摇，坚守为国为民奉献的志向不动摇，在平凡的岗位上忘我工作，无私奉献，以忠诚、执着、朴实书写人生的华章，标注精神的高度。

艾热提・马木提的战友这样说道："虽然他已经牺牲，但他的身影永远在我们脑海当中，他的精神永远激励着我们继续前行。"崇尚英雄才会产生英雄，争做英雄才能英雄辈出。英雄模范身上的爱国奋斗精神是中华民族精神和社会主义核心价值观的生动体现，也必将成为中华儿女团结一心、砥砺奋进的精神坐标。国家大力表彰英雄模范就是要在全社会形成尊崇英雄、见贤思齐的良好氛围，形成争当模范、争做英雄的时代风貌。只要我们把爱国情化为报国志，像英雄模范那样坚守、像英雄模范那样奋斗，我们就一定能为祖国和人民的事业奋斗不息，就一定能用忠诚担当写下灿烂无悔的人生篇章。

《新疆日报》（2019 年 09 月 30 日　07 版）

李学生

李学生，1969 年 10 月出生，河南商丘市睢阳区人，生前系浙江温州金有利鞋厂工人。2005 年 2 月 20 日，李学生为抢救两个孩子，自己却被火车撞倒，献出了年仅 37 岁的生命。2005 年，中共河南省委追认李学生为中共党员，河南省人民政府追认李学生为革命烈士，全国总工会追授其全国五一劳动奖章，团中央追授其全国杰出务工青年称号。

面对飞驰而来的列车，面对两个幼小的生命，他挺身而出——

李学生：农民工的人生壮举

崔申义　戴　鹏　袁亚平

时间定格在2005年2月20日下午的那一刻，4岁女孩彭媛媛和8岁男孩小瞿正在金温铁路温州市黄龙段马坑隧道口铁轨上玩耍，急促的火车汽笛声使两个小孩惊慌失措，呆立不动。悲剧即将发生的瞬间，过路的李学生箭一样冲上铁路，抓住小瞿甩到路旁，接着又返身冲到另一侧去营救较远的媛媛。就在李学生刚抓到小媛媛的瞬间，带着巨大惯性的火车撞飞了他俩。小媛媛当场罹难，李学生壮烈牺牲，小男孩保住了性命……

他完全可以顿住脚步，判断一下火车的距离和速度，可他没有！他完全可以在救下第一个孩子后，顿住脚步，评估一下再次救人的风险和可能，可他没有！在他人生命的危急关头，李学生用自己的生命完成了一次撼人的壮举。

“打工就要像个打工的样子，干啥务啥，学啥精啥，就得像给自家干活一样，不能使假、偷懒，要对得起工资，对得起良心。”

李学生的家乡商丘市睢阳区包公庙乡中华楼村，是全区最穷的村子。李学生自幼家境贫寒，为照顾久病的母亲和供养弟弟上学，很早就辍学务农。母亲去世后，十几岁的他便和父亲一起分担起家庭重担。“这是个苦命的孩子，也是个实诚的孩子，没有半点儿虚心眼儿。”说到他，张乾秀大娘泪水纵横。

在苦撑了几年之后，李学生背起简单的行囊，融入打工者的人流。在北京西站磨练了一年之后，1997年10月，李学生只身来到市场经济发达、个体企业密集的温州市，在鹿城区个体企业金有利鞋厂当了一名学徒。这一干，就是8个年头。

“打工就要像个打工的样子，干啥务啥，学啥精啥，就得像给自家干活一样，不能使假、偷懒，要对得起工资，对得起良心。”李学生常跟工友们说这话。他勤奋学习，技术精益求精，很快就从徒弟熬成了师傅，而且上下工序样样精通，成了全厂为数不多的多面手。

金有利鞋厂的老板程定华讲述了李学生两件事。1998 年 10 月 29 日晚上，厂子突发火灾，火势异常凶猛，在场的工人都被吓愣了。李学生把衣服浸湿，往头上一顶，率先冲进火海，抢出了易燃的橡胶原料，又几番进去抱出几只生产用的煤气罐，避免了更为严重的爆炸后果。

程定华提拔李学生当了车间管理员，后来又让他兼任工厂的门卫，负责全厂安全保卫、进货出货、人员接待等事务。为履行职责，看管好厂子，李学生工作得很投入。来厂打工 8 年，他只回过 4 次家。老板和员工都知道，他不光是为了省路费，更多是因为过节、农忙时厂子缺人手，怕出事，不忍心请假。有了李学生这个“全都管”，程定华不管出差走多远，多少天，都非常放心。

李学生敢于直面人生。他 29 岁结婚，31 岁丧妻，抚养着幼小的女儿。面对沉重的压力，他依然保持豁达乐观的人生态度。

“咱村的路太差了，一下雨啥也运不出去，得想法儿把路修好点儿。我要是挣到了钱，一定自己来修！”

“李学生是个热心人，软心人，自己的日子艰难得不行，还总想着别人，尽力帮着别人。”无论是他村里的邻居，还是同在异乡务工的老乡都这样说。

在豫东农区，小麦是口粮又是现金收入来源。然而那次，李学生为帮助年老体弱的邻居雨中抢收，竟淋坏了自家一季的小麦。风雨中，当李学生气喘吁吁地说明真相时，父亲流下了泪。

就在这次麦收请假回家那阵子，听说村民李学彬因为路滑、车坏、缺人手，西瓜泡在地里卖不掉，李学生主动帮他摘瓜，修理小四轮，并花了整 3 天时间，起早贪黑到十几公里外的集镇去叫卖，让一季种瓜的心血没白费。

说到李学生的善良和孝顺，父亲李洪深的泪水咋也憋不住，“这孩子的心太好了。”那是 1983 年的秋天，李学生卧床不起的母亲病情越来越重，家里为给她看病已经变卖了所有值钱的东西，连吃饭都成了问题。突然有一天，母亲说：“娘想吃肉。”李学生的泪水夺眶而出，说：“好，我现在就去买。”母亲说：“娘知道连买药都没钱了，说说算了。”“谁说的，有钱！”

李学生出门后就失声痛哭。他原本真有10元钱，那是他头天上学在路上捡的，犹豫了一整夜，想到失主的心情、学校的教育，当天刚刚上交到老师那里。于是，他只好再次从邻居那儿借了钱，买回来一斤肉，做好了端给娘。娘坚持只吃一半，另一半给儿子。学生实在拗不过，就佯装外面有人叫他，端着碗跑了出去。第二天，他把头天自己一块也没吃的半碗肉菜热了热端给娘，哄她说是头天买的肉多，分作两顿吃。

在他牺牲后的一天，邻村客运专业户王胜伟找到了学生的父亲，满眼是擦不干的泪水。“大爷，您知道吗？我这车上可有学生兄弟借给我的2000元钱呐！要不是他帮助，我咋有今天的好日子！”过去他和学生一起都在温州打工，两年前，他想筹钱买辆面包车跑客运，李学生知道后，就紧紧手借给了他，连个借条也没打。“我知道学生眼里都是好人，肯定没有记底子，这就赶紧跟您说明了，这笔良心账，我今秋一定全还上！”

中华楼村党支部书记李学仙跟记者讲了这样一件事：前年，李学生得知村里小学危房改造因缺钱陷入停顿，就给父亲打电话问：“您手头还有多少钱？”父亲说：“加上你刚捎来的不到900元。”“村里小学房子快塌了，您拿800元钱交给村里建房子，等我下月发工资了再给您寄点儿。”

李学仙说，就在学生最后一次回家时，还跟他说想为村里发展出点儿力。李学生说：“咱村的路太差了，一下雨啥也运不出去，得想法儿把路修好点儿。我要是挣到了钱，一定自己来修！”他还说：“回到厂里我跟老板说说，争取他来中华楼村投资办鞋厂，把咱村经济带起来，让老少爷儿们都能挣工资，有事干，有钱花！”

“他是大哥，更是知心朋友。刚来时，帮我找工作，教我学技术，还在生活接济不上时，30块、50块地给我。”

李西团是李学生的同村人，1999年通过李学生的介绍来到温州打工。

13岁时，李西团的父亲去世了，接着母亲另嫁他人，不久弟弟也死了。“当时真的没法活下去，哪里还有路走？”李西团仰天长吸一口气，试图咽下满眼泪水。“我跟学生都有相同的命运，一样的家境，格外投缘。对我来说，他是大哥，更是知心朋友。刚来时，帮我找工作，教我学技术，还在生活接济不上时，30块、50块地给我。”

这些年来，光是他介绍到温州打工的村里村外的老乡就有四五十人。而且个个都在经济上或多或少得到过他的接济，不少人都在找不到工作时到他那里吃住。老乡们一见他，就说俏皮话，“到了温州找学生，管吃管住管找工”。

“要知道，在我们打工族这个圈子里，百儿八十块钱的周济，对双方来说都很是一回事儿。”老乡们说，李学生平时不抽烟不喝酒，也不打牌，生活非常节俭，常常白米咸菜凑合，连肉都舍不得吃，可对别人他又很慷慨。他挣的那点儿工钱，除了养家糊口，就是救急解困帮助人。干了8年，直到他去世，也只有几千元存款。

说起李学生的事迹，乡亲们似有太多的话题。1989年6月16日，当时8岁的李超到村东头的大塘里洗澡，刚往里一走，便突然沉了下去，同去的几个孩子吓得哇哇大哭。大塘春天时刚刚淘过泥沙，里头大坑连大坑，足有1丈多深。李学生来了，没有片刻的迟疑，纵身跳进塘里摸了几个上下，终于把快要淹死的小李超推上岸来。他自己由于腿抽筋，也沉下去喝了不少水，在大伙的帮助下，才摆脱了死神的纠缠。

没多久，还是这个水塘，不到3岁的李小伟随洗衣服的奶奶到塘边玩耍，不慎滑入塘中。在不远处干活的李学生听到奶奶的呼喊，又一次义无反顾地跃入水中，几经潜捞，终于救起本无生还机会的又一条生命。

《人民日报》（2005年03月23日　05版）

李学生，我们为你感动

王全书

最近，人们都在传诵着一个英雄的名字——李学生。作为河南商丘赴温州务工的一个农民工，他奋不顾身地冲向飞驶而来的火车，为抢救两名吓呆在铁轨中间的儿童，献出了年轻的生命。他不愧是当代中国青年的优秀代表，我们为有这样的好兄弟而感到自豪！

李学生与罗盛教、欧阳海、刘英俊、李向群等英雄人物一样，是中华民族优秀儿女的一员。温州感动了！河南感动了！全国感动了！各地媒体纷纷报道他的英雄壮举，李学生已成为广大网民热议的话题，盛赞他的帖子数以万计。

这种感动，来自于他位卑未敢忘忧国的高尚境界。农民工在现实社会中处于弱势地位。李学生是这个庞大群体中普普通通的一员。在有些戴着有色眼镜的人看来，他只是一介小民。可他以实际行动向人们昭示：品格的高尚不在于身份如何、地位高下、财富多寡，而在于他是否乐于助人、奉献社会、敢于牺牲。平时，他把这种责任体现在对本职工作的勤勉敬业中，体现在对亲人、对家乡父老的点滴关爱中。关键时刻，他把这种责任转化为舍己救人的英雄壮举。危难时刻见精神，生死关头显人品。在这样的“小人物”身上迸发出的道德光芒，令人为之动容。

这种感动，来自于他舍生取义的价值选择。生命对于每一个人来说都只有一次，将只有一次的生的机会付与别人而义无返顾的人，是一个高尚的人，纯粹的人。孟子曰：“生，亦我所欲也，义，亦我所欲也；二者不可得兼，舍生而取义者也。”毛泽东说，人总是要死的，但死的意义有不同，为人民利益而死，就是死得其所，就比泰山还重。在这种取与舍、得与失的选择背后，显现的是李学生日常良好道德情操的积累，体现的是社会和谐的人间真情。只有经过时间沉淀的美德，才能在电光石火的刹那间，演化为一种行动，做出一番壮举。李学生死了，没有留下什么豪言壮语，但他用行动告诉了我们什么是真、善、美。

这种感动，来自于他积极向上的人生态度。李学生命运坎坷，但他依然对生活充满向往、对他人充满热爱。他自幼丧母，因贫辍学，父子相依为命。他的妻子因病辞世，留下了一个吃奶的孩子。在生活的艰辛面前，他没有丝毫的消极、沉沦，而是以乐观向上的态度去拥抱社会，热爱生活，关爱他人。不管是在家乡还是在务工单位，他从来都是勤勤恳恳，谦虚好学，诚实守信，自立自强，以主人翁的姿态投身建设与发展。他跑前跑后、热心联系，帮助家乡 40 多个农民在温州找到了工作，吸引温州商家到家乡办厂。他尊敬老人，关心孩子，与邻里团结互助，和睦相处，热情助人，在邻里和工友中好评如潮。为异乡两个素不相识的孩子，他毫不犹豫地献出了宝贵的生命。这种选择决非是他一时的冲动，而是源于他堂堂正正做人、踏踏实实做事的人生态度。

感动之余，我在思索：一个英雄辈出的时代才能写出璀璨夺目的华章，一个崇尚先进的民族才能屹立于世界民族之林。李学生的精神感动人、鼓舞人、激励人、鞭策人、塑造人。虽然我们处在一个价值观念日趋多元化的时代，但总有一种力量能打动我们，那就是植根于人们心灵深处的那种甘于奉献、服务社会、勇于牺牲的中华美德和民族精神。心动不如行动，让我们以他为榜样，以更积极、更主动的姿态去领略人生的价值，去感悟生命存在的意义。

《人民日报》（2005 年 03 月 24 日　04 版）

徐洪刚

徐洪刚，云南省彝良县人，1971 年 3 月出生，1990 年 12 月入伍，1993 年 7 月入党，现任 71332 部队政治处副主任，少校军衔。1993 年 8 月 17 日，徐洪刚在探家归队途中同歹徒英勇斗争，身负重伤。徐洪刚见义勇为的英雄壮举，在全军和全国引起强烈反响。1994 年 2 月 5 日，时任党和国家领导人江泽民、李瑞环、胡锦涛和军委副主席刘华清、张震等先后接见和题词嘉勉徐洪刚。江泽民同志的题词是“向徐洪刚同志学习”。1993 年 12 月 24 日，济南军区授予他“见义勇为的英雄战士”荣誉称号。团中央于 1994 年 2 月 1 日，命名他为“见义勇为青年英雄”，并授予“全国新长征突击手”称号。1997 年 7 月，徐洪刚当选为党的十五大代表。2005 年、2006 年，他两次被集团军表彰为“优秀共产党员”。

一曲时代正气歌

——记“见义勇为的英雄战士”徐洪刚

蒋永武　徐如俊　吴森辉　施文标

2月5日晚，中央领导同志会见来自全国各地的20名爱民英雄、拥军模范代表。江泽民同志久久握着“见义勇为的英雄战士”徐洪刚的手，高度赞扬他不畏强暴、见义勇为的壮举，并向陪同会见的党政军领导同志说，要很好地宣传这位青年战士的英雄事迹，弘扬正气，保持社会的团结稳定，为改革开放和经济建设创造良好的环境。

徐洪刚勇斗歹徒的壮举震撼着千万人的心，谱写出一曲军民同建社会主义精神文明的时代正气歌。

洒血盘肠斗凶顽

1993年8月17日，一辆由云南省彝良县牛街镇开往四川省筠连县的长途公共汽车，穿行于乌蒙山区的青山绿水之间。

上午10时许，汽车行至筠连县巡司镇境内，一场正义与邪恶的较量在车厢内发生了。

一个叫任永林的青年歹徒，突然向身旁靠窗而坐的年轻妇女吴道蓉要钱。吴道蓉坚决地回答：“没得。”

“没钱，就抹手表。”任永林动手把吴道蓉手表带扯断了。吴道蓉赶紧把手表装进裤兜里。

“不给表，老子就扒你的衣服。”任永林一把将吴道蓉的上衣撕破了。

“没有钱，就把她从车上推下去。”随着同伙的叫嚷声，任永林卡住吴道蓉的脖子，就要把她从正行驶的车上掀出窗外……

眼看一场劫持钱财、侮辱妇女的事件愈演愈烈，亡人、施暴的罪恶就要在光天化日之下发生！

在这万分危急的关头，吵嚷声惊醒了正打盹的一个英气勃勃的年轻人。他就是探家归队的济南军区某部通信连班长徐洪刚。

光天化日，朗朗乾坤，岂容歹人逞凶！见此情景，徐洪刚顿时气血上涌，“嗖”地站起，虎目圆睁，大声喊道：“住手，不准这样！”

一声霹雳，吓得歹徒连忙松开了即将被掀下车去的吴道蓉。吴道蓉得救了。

“小子，关你啥事？你想挨揍！”任永林疯狗似地向徐洪刚扑来。他的3名同伙也围了上来。

面对4名穷凶极恶的持刀歹徒，赤手空拳的徐洪刚，毫无惧色。他勇敢地迎上前去，与扑来行凶的歹徒们展开了英勇搏斗。他奋起一脚，把一个歹徒踢倒在地。挥起一拳，又将另一歹徒击退。然而，终因寡不敌众，浑身被匕首刺伤多处。顿时，鲜血染红了他的衣服，溅满了四周，肠子也流出了体外。

此时，司机听到响声，立即停下车，奔过来，趁歹徒不备，夺过了一把再次向徐洪刚狠狠刺去的匕首。

“抓住杀人凶手！”乘客纷纷站起来，大声呐喊。4名歹徒见状慌忙跳车逃窜。

“抓住歹徒！”已成血人的徐洪刚忍着剧痛，用背心兜住流出体外的肠子，以惊人的毅力从车上跳下，抱住了最后跳车而下的歹徒的腿。但由于伤势过重，体力不支，歹徒挣脱逃跑。

徐洪刚从地上奋力爬起，摇晃着身子，向歹徒逃跑的方向追击。一米，两米，十米……一步一摇晃，一步数滴血。当身后留下50多米的血迹之后，他终于再也支撑不住，重重地摔倒在公路上。

就在这时，筠连县税务局副局长詹本方等一行4人乘小车途经此地，见此情景急忙刹车。

“我是解放军，快去追歹徒！”徐洪刚边说边用颤抖的右手，从上衣口袋里掏出“士兵证”，用血迹斑斑的左手指着歹徒逃跑的方向。

“你的身体怎么样？”詹本方等人急忙把徐洪刚扶上车，见他满身是血，担心地问道。

“不要管我，快……快追歹徒！”徐洪刚声音微弱，但却十分坚定。

小车沿着公路朝着歹徒逃跑的方向追击。约追出一公里，詹本方等人见徐洪刚已昏迷过去，担心他有生命危险，赶紧掉转车头，驶向附近的镇医院……

经医院检查，徐洪刚全身刀伤14处，仅胸部就中了8刀，靠近心脏的一处刀伤深达8厘米，有一刀已触及肺部。腹部刀伤裂口4厘米，肠子流出体外50多厘米。

就是带着这样严重的伤势，他与歹徒搏斗不息。真是虎胆神威！

同扬正气满人间

英雄的生命危在旦夕！

一场“鬼门关”前与阎罗争夺英雄生命的战斗开始了。

巡司镇医院因医疗条件所限，难以保证英雄的生命安全。医护人员在小车上对徐洪刚的伤口进行止血处理后，吊上输液瓶，便催促小车立即起动，以最快的速度驶向筠连县医院。平时要半个多小时才能跑完的路程，只15分钟就赶到了，为徐洪刚获得第二次生命赢得了宝贵的时间。

“一定要把这位英雄的生命从死神手里夺回来。这是党和人民赋予我院艰巨而光荣的特殊任务！”筠连县医院院长黄乾安发下“号令”，并亲自坐镇指挥。只几分钟，全院就组织起了一支与死神较量的精兵强将，人称“筠连一把刀”的副院长钱明亲自主刀。

县委、县领导闻讯后，立即指示有关部门：对这样的人民英雄，一定要不惜一切代价，用最高明的医生、最好的药品、最高规格的护理，全力抢救治疗。县里还特拨款5万元作为救治经费。

白衣天使们眼含热泪，奋力抢救。整整4个小时，手术胜利完成，徐洪刚终于脱险了。

筠连县电台、电视台，每日数次向全县人民报告徐洪刚的伤势情况。徐洪刚负伤后的第10天，宜宾地委、行署决定，将他转到川南医疗条件最好的宜宾地区第二人民医院，由外科专家、该院副院长陈启明和闻讯赶来的成都军区总医院脑外科专家组成强有力的“医疗班子”，进行会诊治疗。

医院的护士们每日 24 小时，轮流对徐洪刚进行“特别护理”。女护士长孙道贵连续 3 天 3 夜守候在徐洪刚的病床前，忘却女性的羞涩，为英雄擦澡洗脚、换洗衣裤。徐洪刚这位身中 14 刀，3 次大手术中摘除脾脏和 1 根肋骨也没有哼一声的硬汉子，此时被特护人员那如慈母、胜姐妹的体贴关怀，感动得热泪涟涟。

在省、地、县三级党和政府的齐心关怀下，经军内外上百医护人员 40 多天的精心抢救、治疗、护理，濒临死亡边缘的徐洪刚，终于奇迹般地康复了。

在徐洪刚负伤住院后的几十个日日夜夜里，滇、川、豫三省各界群众、各族人民，竞相用不同形式表达对人民英雄的由衷爱戴之情。徐洪刚住院后，探视者络绎不绝。他们之中，有七八十岁的老人，也有幼儿园的孩子；有机关干部、学校师生、工厂职工、城镇居民，还有许多来自偏远山乡的农民。他们手持慰问信、慰问品，要一睹英雄的风采，要表达自己和家人对英雄衷心爱戴之情。为了让徐洪刚休息好，医院特设了“徐洪刚接待室”。可仍然难以阻挡一些“特殊探视者”。

50 多岁的哑巴姐妹李云翠、李云芳，无法用语言表达心声，经再三“恳求”，来到徐洪刚床前连连鞠躬。

73 岁的五保老人汪世华，用自己省吃俭用的钱买来点心，一连两次前往医院探视，都被劝阻于“接待室”。第三次，她“说什么也要见一眼徐洪刚这样的好娃子”，直到亲自喂徐洪刚吃下几口罐头食品，才恋恋不舍地离开。

82 岁的王向珍老大娘拄着拐杖来到徐洪刚床前，用颤巍巍的手抚摸着徐洪刚浑身的伤痕，说了一声“好孩子，你受苦了！”禁不住失声痛哭。

更多的探视者进不了病房，送了慰问信、慰问品后，在医院门前放一挂鞭炮，以表达对英雄的祝福。

短短几天，前往医院探望者就达 5600 多人次，群众自发捐款 1.3 万多元，为徐洪刚购买补品、慰问品价值达 8400 多元。

9 月 16 日，伤已痊愈的徐洪刚返回部队。列车抵达河南渑池车站。全县数千军民在站台上举行“欢迎英雄徐洪刚伤愈归队”仪式。此次列车在该站按规定只停车 3 分钟。为了使欢迎仪式能从容进行，经请示，上级铁路部门作为“重大特殊事宜”，特批此次列车在该站停车 15 分钟。

这天，渑池县城彩旗飞扬，锣鼓喧天，鞭炮齐鸣。全城空巷，2 万多名群众自发地走上街头，列队于近 3 公里的道旁，就像迎接战场上凯旋的勇士一样，夹道欢迎身披“人民卫士”红绶带的徐洪刚。

对歹徒的从快从重惩处，也是对英雄的一种爱戴。发案的当晚，宜宾地区政法委、公安处就作出了“快速侦破此案”的决定。公安干警们连续奋战了 7 天 6 夜，在山峦沟谷中徒步行程数百公里，终将 3 名歹徒缉拿归案。许多群众抱着“决不能让伤害英雄的罪犯逍遥法外”的强烈爱憎，主动协助公安部门追捕另一名尚未擒获的“恶狼”。后来，这个诨名“筛哥”的歹徒潜逃回家，乡亲们发现后，立即向公安部门举报，将其抓获。经审讯，对 4 名歹徒依法严正判决：主犯任永林被判处死刑，立即执行；其他 3 名罪犯也受到了应得的法律制裁。

英雄战士为人民不惜流血负伤，人民对英雄战士报之以鲜花、掌声和荣誉。宜宾地区、行署和徐洪刚家乡彝良县以及部队驻地渑池县，先后授予他“见义勇为标兵”、“爱民模范”、“人民卫士”等荣誉称号。徐洪刚所在部队为他记了一等功，济南军区和共青团中央分别授予他“见义勇为的英雄战士”“见义勇为青年英雄”荣誉称号。

“铁军”中的英雄战士

徐洪刚浴血斗歹徒的事迹经新闻媒介传播后，赞扬信从祖国的四面八方雪片般飞向军营，飞到徐洪刚身边。川、滇、豫、鲁四省军民纷纷请英雄作报告，与英雄座谈，探索这位青年英雄成长的道路。

徐洪刚的家乡云南省彝良县曾养育过“从奴隶到将军”的我军著名指挥员罗炳辉。就在他入伍的 1990 年，家乡又出现了一位全国知名的英雄。彝良县一个乡的人武部长孔凡松，为保护人民生命财产，勇斗歹徒，英勇献身。离家前，徐洪刚来到孔凡松遗像前发誓：“纵不能像你一样死去，也要像你一样活着。”

徐洪刚所在部队是曾以“铁军”著称于世的某红军师。在师史陈列室，面对我军著名的“盘肠英雄”姜东海的画像，他发誓“甘洒热血为人民，不愧铁军新一代！”

两年后，徐洪刚成了彝良县第二个勇斗歹徒的英雄，成了“铁军”第二个“盘肠英雄”。这决非巧合，而是光荣传统在新一代身上重放光辉！

“平时炼就钢铁的意志，关键时刻方有无畏的胆略。”徐洪刚自觉从点滴入手，努力把自己锻炼成“钢铁战士”。

济南军区提供的一份材料表明，徐洪刚关键时刻的无畏壮举，是他平时刻苦磨练的结果。有这样几件事给许多来访者留下了深刻的印象：

那是一天下午操课之前，徐洪刚的胃病犯了，胸口一阵阵绞疼。可他一声不吭，照常参加训练。一会儿，他脸色蜡黄，豆大的汗珠扑扑直落，仍然咬牙坚持。一个小时过去了，两个小时过去了……突然，他眼前一黑，晕倒在地。大家将他唤醒，要他下去休息。他死活不肯，又顽强地投入到操课行列之中。“这才是我们铁军的兵！”教导队长感动不已。

一个大雪纷飞的夜晚，团通往师部的电话线路出了故障。徐洪刚主动请战，承担了查线任务。当时，连队的摩托车不在家，战友们劝他等摩托车回来后，再坐车去查线。他却说：“不用了。风雪深夜徒步查线，更能磨砺意志。”说罢，便带领一名战士扑进了风雪里。电线杆结了一层冰，滑溜溜的，爬了一半，稍不留意就咕噜一下滑下来。徐洪刚爬上去滑下来，滑下来再爬上去，哪管它碰破了腿，擦破了手。就这样，连续 8 个多小时的风雪夜，沿着线路一根杆子一根杆子地爬上爬下，查了 30 多根电线杆，行程达 42 公里，终于排除了故障。黎明回到连队时，他俩成了雪人。

百炼成钢。徐洪刚的训练成绩都超过了大纲规定的优秀标准。参加师、团组织的军事考核、比武，常常摘“金”而归，被人们誉为“金牌战士”。所在部队将其树为“硬骨头战士”“训练标兵”。

一次，部队驻地附近山林失火，严重威胁仰韶文化遗址。徐洪刚同战友们紧急奔赴火场。他带着几名战士，哪儿火势旺就扑向哪里。山上缺水，就用大扫帚打火；扫帚烧没了，脱下衣服扑火；衣服烧成了大窟窿小洞的，又扳下树枝扑打。当大火扑灭时，徐洪刚的眉毛、胡子烧焦了，衣服已烧得百孔千疮。

徐洪刚在筠连县医院养伤的时候，一天收音机里突然传出了一个亲切的声音：“原谅远在千里之外的小弟不能前去看望，请允许我把这首歌献给您——给了我第二次生命的洪刚哥。”听着“愿亲人早日养好伤……”的优美旋律，徐洪刚这才想起这是他从滚滚江水的急流漩涡中救出的一位名叫李明的小学生，用电波载来了情深意切的遥祝。

“九层之台，起于累土；千里之行，始于足下。”徐洪刚平时学英雄的业绩，炼钢铁的意志，有爱民的情怀，关键时刻才经受住了血的洗礼，写出了他的人生史册中最辉煌的篇章。

《人民日报》（1994 年 02 月 18 日　01 版）

学习徐洪刚

人民日报评论员

徐洪刚，一位人民解放军普通战士的名字，如今正被越来越多的人所传颂。这位济南军区某部通信连班长，在人民生命财产受到严重威胁的关键时刻，面对穷凶极恶的 4 名持刀歹徒，挺身而出，英勇搏斗，甚至在身中 14 刀的情况下，仍跳车追赶歹徒，直至昏倒在地。他以不惧邪恶、见义勇为的英雄行为，为我们做出了榜样。

同样值得称道的是，在徐洪刚为保护群众受重伤时，筠连县税务局詹本方等同志和筠连、宜宾、渑池等地干部和群众又为抢救徐洪刚而竭尽心血，并在救英雄、爱英雄、学英雄中，用大量感人肺腑的行动，使英雄谱写的正气歌越唱越响亮。这一切，不仅说明在改革开放、建立社会主义市场经济体制的今天，军爱民、民拥军的光荣传统仍在中华大地发扬光大，更说明崇尚见义勇为的美德仍为绝大多数华夏子孙所继承。

本报今天刊登的这篇通讯，详细介绍了徐洪刚见义勇为先进群体的事迹。毋庸讳言，目前的社会治安状况还不能令人十分满意。一些不法之徒在光天化日之下兴风作浪，危及人民群众生命财产安全和社会安宁。见危不救、见义不为的事也时有发生。我国的改革开放和现代化建设，现在正处在一个关键时期。建立社会主义市场经济体制，实现第二步战略目标，必须有一个良好的社会环境。这就需要我们向徐洪刚学习，在全社会形成见义勇为光荣、见义勇为可敬的风气，激励更多的人站出来与坏人坏事作斗争，从而带动亿万群众共同为人民的安宁、社会的稳定而奋斗。

《人民日报》（1994 年 02 月 18 日　01 版）

刘传健

刘传健，男，汉族，中共党员，1972 年 11 月生，重庆市人，四川航空股份有限公司飞行技术管理部副总经理、党支部书记。飞行 28 年来，他把安全飞行规章标准踏踏实实地落实到每一个航班飞行的全过程。2018 年 5 月 14 日，四川航空 3U8633 航班高空突发驾驶舱右侧风挡玻璃爆裂脱落、座舱释压的紧急状况，刘传健和机组成员临危不乱、果断处置，保证机上 128 名机组人员和乘客的生命安全，避免了一场事故的发生。此次成功降落被称为民航“史诗级壮举”，创造了国际民航客运史上在极其艰难的紧急突发情况下成功处置特情的奇迹。荣获中国民航英雄机长、最美退役军人等荣誉称号，获全国五一劳动奖章。

英雄机长刘传建：以生命的名义捍卫最高职责

刘韶滨

9月30日17时左右，四川航空“中国民航英雄机组”全体成员正等待着接受习近平总书记的会见。站在人民大会堂福建厅门外的刘传健心里既兴奋又紧张。他低头又整理了一番身上的白衬衫，脚下的地毯软绵绵的，踩不出一丝声音。他抬起头来，看了看另外8名机组成员：在明亮的灯光下，他们的表情同样绷得紧紧的。光荣的时刻，肃穆的心情。

大门轻轻地打开了。豁然开朗的一刹那，5月14日那个早晨，没有风挡玻璃的驾驶舱里，生死边缘的33分钟浓缩成一个白影，从刘传健的意识深处浮起、闪过。

“用百分之百的努力对付万分之一的隐患”

“‘机长’两个简单的字，所肩负的责任重如泰山，唯有经过千锤百炼才能铸成。作为一名机长，必须用百分之百的努力去对付万分之一的隐患。”当记者问起“机长”这个身份意味着什么时，刘传健说出了这句话，每个字都铿铿锵锵，让人马上联想到重锤敲打生铁的画面。

在刘传健身上，这一锤一锤的敲打，从上世纪90年代初，他成为空军第二飞行学院的学员时便开始了。当年，空军飞行学员的招收条件十分严格，学员们无不是千里挑一，但即便如此，仍然有超过百分之七十的淘汰率，并且采取的是末位淘汰机制。在这种环境下，刘传健养成了一刻不放松的习惯。顺利毕业成为空军飞行教员后，他又将这种好习惯以身作则地传递给学员。

2006年，刘传健从军队转业到四川航空，身份转变成一名民航飞行员。“以前飞的是战斗机，追求的是灵活机动；现在要飞民航客机，必须将安全摆在首位。

两者的理念完全不同。”尽管已经当了 11 年的空军飞行教员，进入民航后，刘传健还是需要在很多方面完善、转变，需要从零开始，但不变的是他对自己百分之百的严格要求。

“民航是一个知识更新换代很快的行业，作为机长需要不断充电。”在刘传健卧室的案头，始终摆放着与航空相关的书籍，临睡前翻看学习，是他十数年如一日养成的习惯。若是碰上了与飞行相关的问题和疑惑，刘传健更是会展现出一股非弄清楚不可的劲头。

5 月 14 日早晨，坐在 3U8633 航班驾驶室里的刘传健曾给另一位机长蒋健发出一条信息，上面写着：“逃生绳长度：5.5 米。”原来，前一天，两人同飞航班时讨论到高原飞行逃生绳的长度，谁都说不准。“我心里老是惦记着这件事，第二天上飞机就翻开手册查了查。”刘传健告诉记者，“贝壳，单个看过去似乎不怎么样，但是把它们串到一块儿，就会很美。对于飞行员来说也是这样，不起眼的基本功和基础知识，一点点积累起来就等于过硬的飞行技术。”

在刘传健看来，除了过硬的飞行技术之外，一名合格的机长还必须具备三项特质：“首先是严谨，机长的字典里不能有‘随意’两个字，要比规章和制度更严格要求自己；其次是慎独，机长是一架航班上的绝对权力，这就要求机长在没有人监督的情况下，更要按照规章去做，不能疏忽；最后是担当，要把保障旅客的安全作为义不容辞的责任。”

“以前在部队的时候，战斗机的轰鸣声一起，整座家属院突然寂静了，所有人都提心吊胆。这样的情景我永远都忘不掉，它随时提醒我每条生命背后都承载着巨大的意义，保障旅客的安全是我的职责所在。”刘传健说。

严谨、慎独、担当——这三项特质已经深入到刘传健的骨髓里，甚至延伸到了生活中。

看过刘传健下厨做饭的朋友都会感慨万分，他仿佛将厨房当作驾驶舱，灶台必须始终保持井井有条的状态，做饭的每个环节则必须按照程序有条不紊地进行，绝不手忙脚乱。一桌菜做好了，厨房里好像什么都没有发生过。

即使是在休息时间，朋友们也很难约刘传健出来，因为他总是更愿意把这些时间用来锻炼身体，“不抽烟、不喝酒、不熬夜”是他在朋友圈里众所周知的标签。

在妻子邹函眼里，工作中的刘传健是一架航班的主心骨，生活中的刘传健则是一个家庭的顶梁柱。虽然工作占据了刘传健绝大部分的时间，但是家庭里的一些重活儿和重大事项都由他一手包办。

正因为如此，5 月 14 日那天，邹函看到新闻后，发了这样一条朋友圈说："一看是我刘教员的航班，吓得我紧张了三分钟！再一想我刘教员技高人心细，肯定没问题！"

"再坚持一下，再完美一点"

"后来在模拟机上对'5·14'事件进行了许多次模拟，每一次的结果都是坠机。大家都感到很震惊，问我当时究竟是如何做到的。现在想起来，其实就是做到了两件事：再坚持一下，再完美一点。"刘传健说。

近万米高空，每小时八百公里的速度，挡风玻璃破裂的那一刹那，驾驶舱释压，副驾驶半个身子被吸出了窗外。强风和巨大的噪音袭来，整架飞机在剧烈地抖动，而刘传健的脸和耳膜同时经历着撕裂感。

"恐惧可能在我的意识中占据了两三秒，心里面喊着完了，完了。恢复清醒后，我发现操纵杆还能用，但是仪表大部分已经不能显示了。"在那一刻，刘传健仿佛回到了驾驶战斗机的时候，必须完全依靠手动操纵飞机备降。

飞机此时正处在青藏高原的边缘，底下崇山峻岭清晰可见，要把飞机飞出高原才能下降高度。这意味着飞机还要在 7000 米左右的高空停留一段时间，而刘传健必须在低温、缺氧的环境中坚持一段时间。

在后来的调查过程中，事件调查组判断，在当时的环境下坚持那么长时间，正常人势必失去意识。但刘传健却能将自己的每一个操作步骤完整而准确地还原，说明他在当时处在十分清醒的状态，令人不可思议。

"我想，靠的应该是顽强的意志力吧。"刘传健对记者说。看似简单的一个词，背后凝结着多少日积月累、持之以恒的努力。

当兵的时候，刘传健必须顶着北方早晨零下二三十摄氏度的严寒，身着短裤背心，跑一万米。在这种挑战生理极限的时刻，刘传健总是在心里不断地告诉自己：坚持一下，再坚持一下！"后来无论做什么困难的事情，我都会这样自我暗示，意志力就是在这‘再坚持一下’之中锻炼出来的。”刘传健说。

危急之时戴不上氧气面罩，刘传健之所以能在缺氧的环境下保持清醒状态，是因为他常常以憋气的方式来锻炼自己的意志力，最长的时候能憋 4 分钟。有时候，刘传健会让妻子捏住自己的鼻子，而他则三四分钟不出气，如同昏迷过去，妻子会赶紧“推醒”他。

顽强的意志力让刘传健克服了极端艰险的驾驶舱环境，但是没有了仪表显示就没有了飞行参照，他面临着更严峻的困难。

“第二机长告诉我，客舱里的旅客是安全的，我一下就比较兴奋了，觉得今天一定要把他们送回去。在当时的情况下，我只能凭借飞行的基本方法来操纵，那么就必须把每个细节都做好、做到完美，才有机会成功备降。”刘传健说这段话时，眼神中带着坚定与自信。

5 秒钟，是刘传健闭着眼睛从家里客厅的沙发走到卧室的时间，而这期间他能够不碰到任何物体。这里面没有什么秘诀，全靠着他的一次次实验。在几十年的飞行生涯中，刘传健也是靠着一点点积累、一遍遍琢磨、一次次总结，不断夯实着自己的基本功。

凭什么做到完美？记者想起了欧阳修那篇著名的《卖油翁》——“我亦无他，唯手熟尔。”

继续做一名平凡的飞行员

“5·14”事件过去的这半年，妻子邹函发现，从前那个脸上总是挂满笑容、幽默地自我调侃“头发少是因为高空风大”的刘教员，现在会莫名其妙地沉默寡言。

“经历了一场生与死之间的搏斗，觉得自己像生了一场大病，身体处在虚弱的状态。”而恐惧的梦魇也不知不觉地钻进了刘传健的意识深处，总在不经意间窜出来，让他的情绪不稳定，常常会突然感到低落、不安。记者也注意到，刘传健在采访过程中，聊起那惊心动魄的 30 多分钟时，声音带着轻微的颤抖。“每次回忆起‘5·14’当天的情形时，心里其实是很不舒服的。”刘传健说。

“但是飞了二十几年，对飞行已经有感情了吧？”记者问。

“不是有感情，而是有很深的感情！所以，即使经历了极端的险情，我还是要继续我的飞行员生涯。”刘传健答道。

这半年里，刘传健把主要精力放在了三件事上：身体恢复、心理疏导和技术培训。而刘传健并不是一个人在与“创伤”战斗：“一家人都在努力，他们理解、包容我的异常行为，我在家里恢复、学习的时候，他们大气不敢出，连2岁的女儿也不敢哭闹，生怕影响到我。”

8月，经过公司的推荐，刘传健通过了清华大学经济管理学院的面试，正式被录取为航空管理项目研究生。从11月开始，他将每月到清华大学上几天课，整个学习将维持一年半。

“那么现在回过头去看，‘5·14’事件对你意味着什么呢？”记者问。

“创造奇迹的不是一个人、一瞬间，而是一群人和一辈子。我只是完成了自己的职责。”刘传健回答。

这半年里，有陌生人给他发去短信，表达感谢与崇敬之情；邻居们惊喜地发现，原来英雄就在身边；其他航空公司的飞行员把他拉进微信群里，让他传授飞行经验……尽管刘传健并不觉得自己完成了多么伟大的使命，但是他很欣喜地看到事件所带来的正能量。“平时一点一滴的积累，对飞行基本功的锤炼，对飞行作风的养成，在关键时刻派上了用场，这让我很欣慰，希望能在行业里产生积极的影响。”

“希望你们继续努力，一个航班一个航班地盯，一个环节一个环节地抓，为实现民航强国目标、为实现中华民族伟大复兴再立新功。”刘传健一字一句地向记者复述习近平总书记对他们的要求。

伟大出自平凡，英雄来自人民。9月30日那个意义非凡的下午，站在总书记身旁的刘传健，更加坚定了继续做一名平凡飞行员的决心。

来源：中国民航网 2018年10月26日

伟大出自平凡　英雄来自人民

人民日报社论

“一个有希望的民族不能没有英雄，一个有前途的国家不能没有先锋”。英雄是国之瑰宝、民之精锐，英雄精神是激励我们前行的强大精神力量。9月30日，中共中央总书记、国家主席、中央军委主席习近平专门邀请四川航空“中国民航英雄机组”全体成员参加庆祝中华人民共和国成立69周年招待会，在人民大会堂与他们亲切会见，赞扬他们在处理险情时的英雄行为，并对如何学习英雄事迹、弘扬英雄精神、进一步做好民航工作作出重要指示。这不仅是对“中国民航英雄机组”的最高褒奖，也体现了党中央对民航工作的高度重视和总书记对民航广大干部职工的巨大关怀，令全体民航人的精神受到极大鼓舞。

党中央、国务院领导对民航历来十分关心，习近平总书记多次对民航工作作出重要指示批示。习近平总书记前不久再次对民航安全工作作出的重要批示，思想深刻，内涵丰富，具有很强的科学性、针对性和指导性，既是做好当前形势下民航安全工作的总指针，也是新时代民航高质量发展的根本遵循。习近平总书记在接见“中国民航英雄机组”时明确要求：学习英雄事迹，弘扬英雄精神，就是要把非凡英雄精神体现在平凡工作岗位上，保障每一个航班的安全。这一对民航工作的最新指示，为民航下一步的工作指明了努力的方向。民航广大干部职工要牢记总书记的嘱托，将非凡的英雄精神体现在平凡的工作岗位上，一个航班一个航班地盯，一个环节一个环节地抓，为确保民航安全运行平稳可控、实现民航强国目标、实现中华民族伟大复兴的中国梦再立新功。

将非凡英雄精神体现在平凡工作岗位上，要始终把安全作为头等大事来抓。全行业要牢固树立以人民为中心的思想，正确处理安全与发展、安全与效益的关系，把民航局研究制定的确保民航安全运行平稳可控26条措施不折不扣地落实到本职工作当中。要务必认清安全是民航发展的基础和前提，是民航业的生命线，是人民群众的生命线，任何时候、任何环节都不能麻痹大意。每一位民航人在日常工作中务必自觉强化对民航安全的政治担当，做到思想上政治上行动上对安全工作的高度自觉；本着对人民群众高度负责的态度，牢牢地将红线意识和底线思维记在心里、扛在肩上、落到实处；坚持“对安全隐患零容忍”，全方位排查整治安全隐患；牢固树立风险防控意识，提高安全风险防控水平；坚决落实安全生产主体责任，严格落实员工岗位责任，加大安全责任追究力度，坚守安全底线不动摇。

将非凡英雄精神体现在平凡工作岗位上，要真正把当代民航精神内化于心、外化于行。“忠诚担当的政治品格、严谨科学的专业精神、团结协作的工作作风、敬业奉献的职业操守”这一当代民航精神，是全体民航人共同的价值追求和行为准则，更是一笔宝贵的精神财富，而川航英雄机组的英雄事迹是对当代民航精神的最新诠释和生动弘扬。每一位民航人都要深入学习英雄机组临危不乱、果断应对、正确处置的无畏勇气，学习英雄机组高超的技术水平、优良的职业素养。每一名员工都要成为当代民航精神的践行者和传播者，使每一个岗位都能成为展示当代民航精神的窗口。让当代民航精神在每一位民航人的心中生根、发芽、绽放，真正把当代民航精神转化成推动民航强国建设的强大动力。

将非凡英雄精神体现在平凡工作岗位上，要持之以恒地强化“三基”建设。“平时多流汗，战时少流血”。抓基层、打基础、苦练基本功是确保民航安全的重要基石，“5·14”事件的成功处置绝非偶然，而是民航系统多年来高度重视“三基”建设的结果。抓基层就是要重点抓好基层班组建设。班组是企业的细胞，也是安全工作实施落地的执行者。我们要继续将班组建设抓牢抓细抓实，扎实推进安全教育到班组、手册执行到班组、风险防控到班组、技能培训到班组，推动工作重心向基层倾斜、保障资源向基层倾斜、人员配备向基层倾斜，从制度机制上保证“强基固本”。打基础就是要重点推进标准意识的落实。规章制度是民航安全生产的行动指南，是工作经验和事故教训的结晶，英雄机组在面临险情时所做的每一个判断、每一个决定、每一个动作都是严格按照手册和程序操作的。我们要通过加强作风建设，养成严格按章运行、按章操作的工作习惯，严格落实检查标准和检查程序，自觉遵守各项安全规章制度、流程、标准，真正把基础打得更加牢固。苦练基本功就是要重点提升各关键岗位专业人员的资质能力。“打铁还需自身硬”，抓基层、打基础都要从苦练基本功做起。我们要不断强化关键岗位员工的基本功培训，持续提升专业技能，特别是要在飞行、空管、机务等专业技术队伍中培育精益求精、追求完美的“工匠精神”，形成“干一行、爱一行、专一行”的浓厚氛围。

习近平总书记在会见“中国民航英雄机组”时指出：“伟大出自平凡，英雄来自人民。把每一项平凡工作做好就是不平凡。”学习英雄，不要小看平凡岗位，英雄的壮举正是蕴含于平凡的工作之中。在决胜全面建成小康社会的今天，实现“两个一百年”奋斗目标、实现中华民族伟大复兴的中国梦，更需要处在平凡工作岗位上的民航广大干部职工，把每一件平凡的工作做精做细，努力把复杂的事情做出条理来，把简单的劳动做出精彩来，把单调的工作做出极致来，确保每一个航班的安全平稳，保障每一位旅客的顺畅出行。全体民航人要在习近平新时代中国特色社会主义思想指引下，更好地担负起党和人民赋予的重大使命，学习英雄事迹，弘扬英雄精神，坚持安全第一，确保民航安全运行平稳可控，为推进民航强国建设、建设社会主义现代化强国奋勇争先。

《中国民航报》（2018年09月30日）

赖　宁

赖宁，男，1973 年 10 月生，四川石棉人，生前系四川省石棉县石棉中学初中二年级学生。1988 年 3 月 13 日，他为了扑灭突发山火，挽救国家财产，在烈火中奋战四五个小时后不幸遇难，献出了年仅 14 岁的宝贵生命。赖宁牺牲后，他的英雄事迹传遍祖国大江南北，受到了社会各界的肯定和褒扬。1989 年 5 月被共青团中央授予“英雄少年”称号。2009 年当选 100 位新中国成立以来感动中国人物。

当代英雄少年——赖宁

孙云晓

1988年3月13日，一个14岁的初中生倒下了，倒在他所热爱的家乡的山林里。一场山火扑灭了，他的遗体四周静静地飘升着缕缕青烟……

4天后为他举行的隆重的追悼会，来了3000多人。老人说，这是四川省石棉县历史上最隆重的葬礼。

横断山入云，大渡河呜咽。无声的泪水，深情的怀念，一齐献给这位英雄的少年……

书，使他插上理想的翅膀

赖宁生活的四川省石棉县县城新棉镇，四周被群山包围。然而，偏僻而封闭的环境，没有挡住赖宁的目光。读小学三年级时，赖宁便获得了四川省红领巾读书读报比赛一等奖。书，开阔了他的视野。

每逢生日或节日，爸爸妈妈问他要什么礼物，他总是两个字："要书！"在他的遗物中最多的也是书。他最爱读的《李四光》，不知翻了多少遍。几位邻居说，赖宁常去他们家看书，一看就是半天。

赖宁崇拜古今中外的杰出人物。在一次少先队中队会上，许多男队员希望长大了当军官。赖宁说："我要像李四光那样，当一个地质学家！"有人提醒他："当地质学家可是又艰苦又危险啊！"他听了一耸肩膀，很不以为然。老师问他为什么想当地质学家，他说："咱们这儿到处都是大山，不是已经发现许多石棉矿了吗？一定还会有其他宝藏，我要把它们找出来献给祖国！"

中队集体去春游。赖宁东寻西找拾了一口袋石头，还挑出一块追着老师问："您讲李四光时提到的青石，是这一种吗？"

探险是他的一大爱好

赖宁的爸爸赖正钢兄弟四人的孩子中，唯有赖宁是男孩。因此，一大家子都把赖宁视为掌上明珠。但赖宁不愿做个娇弱的孩子。

“我经常利用课余时间或节假日，去攀登莽莽大山，征服陡峭的崖壁，进行探险活动。仗着我命大，好几次都是死里逃生，可是我越发地喜爱探险。到五年级时，探险已成了我的嗜好。但父母的消息十分灵通，他们常常给我上思想教育课。我父母的反对和我的坚持，使我的性格变得倔强起来。”这是赖宁在《我的小传》中写的一段话。

赖宁心里非常清楚，如果没有探险家的胆略和本领，是当不成优秀地质学家的。因此，他经常进行探险锻炼，翻山越岭，采集矿石标本。他还把一套矿石标本送给母校——新棉镇小学。

新棉镇小学的陈老师讲了一件令人吃惊的事情：“六年级时，我在班上讲要写好作品必须注意观察。谁知，赖宁决定写一篇题为《捅马蜂窝》的作文，就真去做捅马蜂窝的试验！据他事后告诉我，他爬上树，用棍子狠捅马蜂窝，马蜂成群飞来蜇他。可他并不逃跑，只用准备好的厚衣服蒙住头，露出眼睛仔细观察。他这篇作文写得扣人心弦。”

在他牺牲前不久，他还特意买了一个蓝色塑料本，并在上面写下了进一步探险的计划：

称呼——金龙队，简称Ｊ Ｌ Ｄ，秘密代号为X；

日期——1987 年 8 月 1 日诞生；

地点——本队活动于石棉县，大至四川省；

人员——迄今只有 1 人（最多有 3 人）参加本队；

宗旨——发展现代科学技术，推崇探险精神，向大自然索取宝藏而揭其奥秘。

由于赖宁一向品学兼优，全面发展，他在小学期间年年被评为“三好学生”和“优秀少先队员”。小学毕业时，学校决定保送他升中学，他却坚持参加考试，并以新棉镇第一名的优异成绩，考入省重点校——石棉县中学。

他懂得做大事是从做小事开始的

永不服输是赖宁鲜明的个性特点。

他与一位同学比赛掰手腕，成了人家的手下败将。从此，他天天提着 20 公斤重的大铁桶练臂力和手劲。半个月后，他重新向那位胜利者挑战，上次的胜利者这次败得没有回手之力。

然而，升入中学的赖宁却在“三好学生”评比中落选了！

谈起这件事，赖宁的老师和同学无不感慨万分。当时，班里纪律有些乱，班主任让学习委员赖宁记下违反纪律的同学的名字。尽管赖宁“先礼后兵”，可这毕竟是件得罪人的事。结果，身为第一候选人的赖宁，在他进入中学的第一次也是最后一次评选“三好学生”中，得票未能过半。许多同学都替赖宁屈得慌。他本人却像什么也没有发生过。他不但学习成绩优秀，而且特别关心集体，助人为乐，又是雅安地区少年儿童绘画比赛二等奖和县少年书法比赛一等奖的获得者。

他爱家乡的山和水

石棉山区是四川省一类火险区。

赖宁读小学的时候曾 3 次上山灭火。他做了这些事，既不写出来，更不告诉别人。直到林业部门把表扬信寄来学校，老师们才知道。

1988 年 3 月 13 日 15 时 30 分左右，县城附近山林因电线短路引起大火。火借风势，刹那间海子山上火海一片。大片国有林和本县电视卫星转播台、石油公司油库，都面临巨大的威胁。

这是一个星期日的下午。赖宁的爸爸抱病在办公室设计水电站图纸，妈妈头疼昏睡在床上。赖宁写完作业，说了声：“我下楼走一走。”妈妈费力地睁开眼睛，还特意嘱咐：“外面风大，别走远了！”

下了楼，赖宁一眼便瞧见了冲天的火焰。他连告诉妈妈一声都来不及，飞快地直奔火场。

与他一起救火的王海和周伟等同学回忆，他们在山上碰到赖宁时，他正在挥动松枝奋力灭火。高达二三十米的火苗，狂烧猛跃。赖宁和他的伙伴们英勇顽强，一次又一次地冲向火海。

在现场指挥救火的县领导，看到天色已晚，命令用汽车将参加救火的学生、妇女和老人强行送下山。赖宁、周伟、王海等同学也被拉上了车。在车上，有人遗憾地说："咳，今晚看不成电视剧《再向虎山行》了。"赖宁却风趣地说："那我们就再向火山行！"一车人都笑了。

突然，山下的烈火又疯狂地扑上来。赖宁一见，立即跳下车来。王海和周伟也相继冲了上去，3 个人齐心协力迎战烈火。当防火队员再次把周伟和王海推上汽车时，却没有找到赖宁。天黑山大，火凶林密，防火队员们一边救火一边继续寻找。

大火终于扑灭了。3500 余亩国有森林保住了，县电视卫星转播台和石油公司油库都平安无事了。可是，14 日上午 9 时，人们在昨夜火势最凶猛的海子山南坡的过火林带中，发现了赖宁的遗体：他，右臂紧紧挽着一棵小松树，额头搁在山坡上，眼镜丢失了，左手撑着地，右腿还保护着向上攀登的姿势……

我们不提倡少年儿童参加扑救森林火灾。《森林防火条例》明确规定："扑救森林火灾不得动员残疾人员、孕妇和儿童参加。"然而，赖宁怀着崇高的责任感，自觉投入保护国家和集体财产的救火战斗，这种以祖国与人民利益为重的革命精神和初生牛犊不惧虎的顽强风格，不正是我们时代和民族极其珍贵的精神吗？

1989 年 5 月 31 日，共青团中央和国家教委授予赖宁"英雄少年"的光荣称号，并号召全国各族少先队员向赖宁同学学习。

赖宁精神，像中国少先队的一支熊熊燃烧的火炬，永不熄灭！

《人民日报》（1989 年 10 月 12 日　04 版）

学习赖宁

邓颖超

一个年仅 14 岁的孩子，为了人民的利益牺牲了自己的生命，令人敬佩而又痛惜。他就是被共青团中央和国家教委授予了“英雄少年”称号的赖宁。

赖宁是从小在党的关怀下成长起来的。党对于青少年一代的要求，通过学校、社会和家庭的教育而对赖宁的思想成长产生了深刻影响。党殷切期望着“有理想、有道德、有文化、有纪律”的一代青少年去继承前辈的事业，开创国家的美好未来。赖宁就是“四有”新人的一个典型。他胸怀大志、爱国爱民；他勤于动脑动手，热衷科学试验，富有创造精神；他兴趣广泛，求知若渴，全面发展。当国家和人民的财产蒙受严重损失时，他不惜以生命去保卫。他的事迹，集中体现了少先队的“五爱”精神，他是一位优秀的少先队员，也是我们共和国优秀的小公民。

我们的事业是宏伟而艰巨的。为了建设现代化的社会主义强国，党需要人民同心同德，作长期的、坚韧的、艰苦的奋斗。而这种奋斗，需要由一代接一代的革命者和建设者来完成，因此，提高作为接班人的青少年一代的素质尤其是提高他们的思想品德素质，对我们社会的发展具有战略意义。前不久发生的那场严重的政治斗争更深刻地提醒我们：革命事业的接班人要从小培养，社会主义思想和共产主义思想的教育要从小进行。

通过赖宁的成长我们看到，用正确的思想方法从小抓紧人的塑造是多么重要，良好的教育环境和各种教育影响的配合是多么重要。当改革和建设过程中不可避免地出现种种困难的时候，我们需要教育青少年一代树立远大理想，踏实奋斗，百折不挠；当对外开放过程中不可避免地遇到某些错误思潮的繁衍的时候，我们需要教育青少年一代懂得四项基本原则，明辨是非，坚定正确的政治方向；当发展社会主义商品经济中出现某些腐败现象的时候，我们需要教育青少年一代提高道德水准，抵御资本主义腐朽思想的侵蚀，追求有真正的社会意义的人生价值。本世纪只剩下十年时间了，我们多么需要教育青少年一代抓紧学习，刻苦钻研，作好全面的准备，成为新世纪的合格创业者和建设者！而这一切，正是教育工作者和思想工作者的重大的责任。

赖宁是新一代少年儿童的代表。他证明了我们的青少年一代是有希望的，从而也证明了我们事业的未来是有希望的。我希望全国的中小学生都来学习赖宁的榜样，像他那样做党的好孩子，像他那样有意义地生活，像他那样把国家和人民的利益看得高于一切，做无愧于时代要求和祖国期望的“四有”新人。

1989.10.11

《人民日报》(1989 年 10 月 14 日　01 版)

靳伟杰

靳伟杰，1975 年 7 月生，河南省漯河市人。1994 年师范毕业后，一直在漯河任教。2003 年夏，靳伟杰调入深圳市龙华学校任教，于 2005 年 1 月为救学生壮烈牺牲。深圳市见义勇为基金会追授她“深圳市见义勇为治安勇士”的光荣称号，深圳市人事局、深圳市教育局也追授靳伟杰为深圳市教育系统师德标兵。漯河市妇联于追授靳伟杰“三八红旗手”荣誉称号，并号召全市广大妇女向她学习。

靳伟杰：把生的希望留给学生

胡　谋　王开利

2005 年 1 月 13 日的黄昏，隆冬的深圳如往日般平静。

下课铃声打破了校园的沉寂。宝安区龙华中英文实验学校四年级二班的周琳和 3 位小伙伴收拾完课桌，和班主任靳伟杰老师一起走在回家的路上。天色已有点暗，他们像平日课后一样边走边聊。当路过龙华街道乐景花园出口时，一辆失控的小轿车突然撞断栏杆，飞速冲向人行道。4 个孩子被吓得手足无措，而失控的汽车继续向他们冲来。

“快跑啊！”周琳听到靳老师的焦急叫喊，同时觉得有人把她猛地往前一推。接着脑里“嗡”的一声，跌倒在路边，剧痛令她站不起来。直到闻讯赶来的学校老师合力将受重伤的靳老师从车底下拉出来时，周琳才知道——就在那千钧一发之际，靳老师把她推开后，又回头再次推开另外 3 位同学。

几乎就在推开 3 位学生的同时，失控的汽车重重地撞在靳老师的身上。那一晚 23 时 20 分左右，靳伟杰的生命时钟停止在 29 岁上。

经警方调查，肇事司机刚拿驾照两个月。当时他开车出花园门口拿出入卡，不小心把油门当成了刹车来踩。结果车像脱缰的野马，撞断了大门横杠之后冲向了靳老师他们。

“面对失控驶来的小轿车，她其实有两次自救机会，然而她把每一次都给了学生”，谈起这件事，靳伟杰所在学校的办公室主任王开利的眼睛湿润了。

一位老师出身的家长说，靳老师很会“管”孩子，很懂得以“爱”感化孩子——这种“爱”使得孩子们对靳老师感情特别深。靳老师的学生都深切地体会过这种“爱”。

学生李姿桦回忆说，有一天她发高烧，靳老师亲自送她到医务室，并通知了她的父母。住院后，靳老师一天给她好几个电话，叮嘱她配合治疗，安心养病。李姿桦病愈以后，靳老师又单独给她补上所缺的功课。

靳伟杰是龙华中英文实验学校四年级二班班主任兼年级组长。她的教学方法独到，每次年级数学竞赛，她教的学生都拿一等奖。“她教学上对自己要求很严，”校长卢阳旗说，“出事的那天下午两点左右，靳老师还特地找我谈学校搞实验班的事。”

《人民日报》(2007 年 08 月 22 日　04 版)

靳伟杰：烛光里的“微笑”

罗雪村　胡　谋　王　伟

4月的深圳春意融融，深圳龙华中英文实验学校四年级（2）班的教室里，依旧书声朗朗。但那个年轻美丽、爱说爱笑的靳伟杰老师却再也不能站到讲台上了。

虽然孩子们还不能真切地体会“生”与“死”的距离，但2005年1月13日下午6时这个时刻，已深深印在他们心里。

那天下午放学后，四年级（2）班的周琳约同班的章粤玲、崔燕婷、庄春萍和靳伟杰老师到家里玩。师生一行五人，走在人行道上有说有笑。然而刚走到乐景花园出口处，一场意想不到的灾难骤然降临：一辆小车在小区入口，准备停车拿卡时，突然加大油门，撞断门口的横杆，朝仅10米之外的靳老师和4名学生猛扑过来。值勤的保安，路边的行人，发出惊叫！靳老师朝学生们大喊：“快跑！”而孩子们已经吓得不知所措，只是站在原地一动不动！千钧一发之际，靳老师把自己右边的崔燕婷朝旁边用力一推，又立即转身推开愣在路口的另外3名学生！失控的小轿车将她重重撞倒，压在车下，拖出十几米远！直至撞到另一辆车时，才停了下来。

师生们被火速送到医院紧急抢救。4个孩子中仅3个受皮外伤，一个孩子毫发无损，而靳老师29岁的年轻生命却画上了句号。人们都说时间是治疗伤痛的良药，然而3个月过去了，靳伟杰的家人、学生、同事没有一刻能够忘记她。

周琳说她后悔那天邀靳老师和同学到家里做客，更后悔自己在紧急关头站在原地发傻。她永远也忘不了，靳老师穿着那件咖啡色的校服套装，配上白衬衫红领带，显得特别精神。再难的数学题，经过她一启发，一引导，一讨论，一尝试，一训练，同学们很快就掌握了方法，学会了解题。靳老师所批阅过的作业本，一个个端正的红钩，几乎长短都一样，还总会看到“某某同学，你又进步了！”这样鼓励的话。

同事们说，靳伟杰对待孩子像朋友，更像亲人。周琳的妈妈出差没人帮她梳头，靳老师就在办公室给孩子梳；章粤玲在洗手间扣不上皮带了，靳老师跑去帮孩子扣上；一位新生在集体宿舍睡不着觉，她坐在床沿，轻轻抚摸着孩子的头发，有节奏地拍着孩子，哄她入睡；为了帮同学们学好古诗词，她亲手抄写唐诗宋词，贴在班级板报上。后来，她又加了 3 天班，抄写了几十份内容不同的古诗词，送给每个孩子作纪念……

作为一名人民教师，靳伟杰用实际行动履行着自己的诺言，“教师是人类灵魂的工程师，应处处为人师表，做学生的楷模。”

《人民日报》（2005 年 04 月 12 日　05 版）

李向群

李向群，男，汉族，中共党员，1978 年 9 月生，海南琼山人，1996 年 12 月入伍，生前系广州军区塔山守备英雄团九连战士。与改革开放同龄的他主动放弃优裕生活从军入伍，1998 年长江流域抗洪抢险中主动参加抢险突击队，带病顽强拼搏，4 次晕倒在大堤上，因劳累过度壮烈牺牲。被中央军委授予新时期英雄战士荣誉称号，全军挂像英模。

二十岁的生命礼赞

——追记新时期的好战士李向群

贾　永　刘建新　贾昭全

长江、漓江、南渡江，三条河流呼唤着同一个名字；

荆江、桂林、海南岛，三地人民呼唤着同一个名字；

从去年盛夏，到今年早春，在他的家乡，他的军营，在他长眠的大堤和永生的江河，人们一遍遍、一声声呼唤着他——

李向群！

一个只有 8 天党龄的党员。一个只有 20 个月军龄的士兵。

一个只有 20 岁韶华的大特区青年。

一切都是那么短暂，留给人们的，却又那么绵长。

滚滚长江水，永远记住了他的名字

长江不会忘记，1998 年 8 月 28 日送别李向群的那个悲伤雨天，湖北荆州城下 3 万人的南平镇全城空巷。灵车缓缓离去，成千上万的人迎着暴雨送了一程又一程……阵阵撕肺裂肝般的恸哭，盖过了长江波涛的咆哮：“向群，你真的走了吗？”

在古老的荆江大地，人们至今不相信这个顽强的生命会匆匆走远。每当太阳西下，56 岁的唐绪秀就蹒跚到村口的堤坝上，等待向群归来。

“多硬的娃，咋会说走就走？”自从李向群静静熟睡在她的怀中，大娘不知面对东去的江水念叨过多少次向群的名字。

8 月 21 日上午 11 时，当最后一次昏倒在大堤上的李向群被战友们抬到堤下，老人未开口，泪就下来了。那张她熟悉的脸上，已分不清是血还是泥，浑身就像泥水里捞出来的……

蘸着水，和着泪，老人一遍遍擦拭着李向群的脸和身子：“孩子，醒醒，你醒醒啊！”

“向群，同志……”任凭战友和乡亲们怎么呼唤，这一次李向群再也没醒来。

救护车长鸣着拉走了担架上的李向群，也拉走了老人那颗悬着的心……

这个可亲的形象，早已深印在大娘的心里。那是迎战第六次洪峰的8月16日深夜，乡亲们将控制住特大管涌的官兵们拽到村里小憩。在她家的房门口，李向群刚把脚伸进屋，又缩了回去，他指指鞋上的泥，对大伙儿说：“会弄脏地板的，就在屋檐下休息吧。”

那一夜，已经连续奋战了14个小时的战友们一倒下就睡着了，大娘却怎么也无法入睡，干脆扑打着扇子为他们驱赶蚊子。后来，她得知，这个懂礼貌的瘦瘦高高的小伙子叫李向群，是“塔山守备英雄团”九连的抢险突击队员。

谁料，再次相见，竟是诀别。

这天上午，正在大堤上送水的唐绪秀大娘远远看到一个扛着沙袋的熟悉身影突然一软，她急急跑过去，躺在地上的正是李向群，脸上一点血色都没有。大娘伸手一摸，额头烫人，赶紧脱下手上的银镯子给他刮痧。

李向群慢慢睁开眼睛，挣扎着要爬起来。

唐绪秀一把将他摁住：“娃，你病成这样，不能再干了。”

“李向群，下去休息！”排长命令。

李向群仿佛没听见似的，扛起沙包就走。此时的他并不知道，无情的病魔正向自己袭来，只是凭着意志和毅力坚持着。一包、两包……一步、两步……10分钟、20分钟……就在大娘回家续水的时候，李向群一头扎在大堤上，吐出的鲜血浸红了头下的泥土，手里还攥着肩上滑下的沙袋……留在人间最后的姿势，仿佛一尊血肉雕塑。

“你把心血和精力用到了极限/你把刚烈和忠诚用到了极限/你把青春和热血用到了极限/由此，完成了一个士兵最后的冲刺……”

从湖北到海南，从广东到广西，从去冬到今春，一曲《李向群之歌》不知让多少人为他哭泣，为他惋惜。

20岁，人生最美的季节。然而距20岁生日还有4个月，李向群却把自己的生命永远凝固在了大堤上。本来，正在海南探亲的李向群并没有接到催归的电报，是他从电视中看到长江告急的消息，提前两天结束休假赶回了部队；本来，突击队员名单上开始没有他的名字，是他 4 次递上决心书，6 次出现在堵管涌、制滑坡的突击队里；本来，连日发烧的他已被连队强行送进团卫生队，是他悄悄溜出病房投入了新的战斗……

清理这位入伍前就曾经商的富家子弟遗物，在场的人都哭了——部队先后几次发给官兵的矿泉水，他一瓶也没舍得喝，整整 12 瓶，全攒在背囊中。班长王绍哽咽着说："向群总是说灾区群众比我们更需要，留给他们吧。"

匆匆赶来见儿子最后一面的李德清夫妇没有流泪。也许是泪水早已流干，也许是把泪水强咽在肚子里，替儿子交上第一笔也是最后一笔党费，又把两万元慰问金捐给灾区之后，李德清向部队提出的唯一要求，是留下来替儿子抗洪。

于是，千家万户从几天后的新闻联播中，看到了这样一组感人的画面：穿上儿子迷彩服和救生衣的李德清，出现在抗击第七次洪峰的队伍里。在儿子牺牲的地方，母亲王立琼献上的挽联随风飘动——

"白发人哭送黑发人，痛心疾首；是亲人也是守堤人，望子安息。"

静静相思河，永远记住了他的名字

相思河不会忘记，部队从长江两岸班师桂林城外流向漓江的这条碧绿小河边，每当夜幕降临，营区总有一阵洪亮的声音在天空回荡——那是点到李向群的名字时，全连官兵齐声答"到！"

在战友们心中，向群没有走，也不会走。相思树下，他的塑像还是往常那样的笑容；相思河边，他种下的菜还像往常一样葱郁。他喜爱的"小霸王"学习机和 24 本军事及文学书籍还像往常一样摆放在他整齐的床铺上，这台学习机曾帮助班里 4 名战友学会了微机操作。还有他亲手制作的工具箱、节约箱，还有他制作的训练器材……相思河边的一切，都让战友们觉得向群还和他们在一起。

短短 20 个月的军营岁月，与改革开放一起长大的李向群在"塔山守备英雄团"这座大熔炉大学校，实现了人生的一次次跨越：特区青年——普通战士——优秀士兵——共产党员——抗洪英雄。

训练场上，他被评为全团训练标兵；水火之中，他5次舍身救人；国防施工，他荣立三等功；军营内外，他留下的关心人爱护人帮助人的故事，就像源远流长的相思河水，淌不尽流不完……

那次火中救险的壮举，战友们怎么也忘不了：1997年1月9日，一场大火吞噬了湖南沅陵县红水坪村的一户民宅，正在一河之隔参加国防施工的李向群看到腾起的浓烟，第一个向对岸冲去，扑进火海背出了一个小孩，又抢出了一台电视机。刚想扑打一下身上的火苗，凄厉的呼救声揪住了他的心："不好，里面还有人。"燃烧的房顶上哗哗直落瓦砾，他随手抓起一个水桶往身上一浇，循着哭声再次冲进火中，从一间烟熏火燎的小屋里救出了奄奄一息的老大爷。大火扑灭时人们才发现，他头发、眉毛烤焦了，裤子只剩上半截，腿上燎起了一大片水泡……

得知李向群牺牲，桂林市郊的李临贵老人走了十几里山路来到了相思河边，将采来的20种野花一束束摆放在李向群的塑像前。自从认识这个活泼的小战士，他那孤寂的家增添了多少笑声。靠政府救济度日的李阿伯家中就一间低矮的小房，是李向群在春节期间约上4位战友为他搭起了厨房，又在房前屋后给他种上了菜。从此，70岁的孤老有了个20岁的亲人。部队开赴长江抗洪前，李向群还给老人送来了25公斤大米，劈好了足够烧一个月的柴，连水缸里的水也挑得满满的。

想起这些，阿伯老泪纵横，张开双臂紧搂着塑像，将苍老的脸轻轻地贴在那张年轻的笑脸上……

清清南渡江，永远记住了他的名字

南渡江不会忘记，向群魂归故里的8月29日下午，苍天动容，大雨骤歇，一道彩虹横贯江空。镇上的老人说："阿群没有走，天边的彩虹不就是他的魂吗？！"

辞别儿子牺牲的地方，李德清夫妇默默把骨灰分成三份：一份撒入滚滚长江，随大江汇入大海的深沉；一份送入公安县烈士陵园，守望第二故乡的繁荣；一份带回遥远的海南，滋润高高的椰林……那一天，南渡江边的弯弯山道上，出现了一条长长的"花路"，那是家乡父老为归来的向群精心铺筑的。

自从向群"回来"之后，21岁的周道雄每隔二三天就削好向群生前爱吃的椰子，到烈士墓前来陪伴他，人间与天堂进行着心灵的对话，思绪伴着泪水在往日的回忆中游荡。

同学周道雄怎能忘，在他不幸误入歧途的时候，是李向群用炽热的爱和真诚的心导正了他的人生坐标。

1997年，由于好奇，道雄染上了毒瘾。远在桂林的李向群得知后，把连队图书室里能够找到的戒毒文章全部抄了下来，一连寄来10封信，苦苦规劝他、开导他。回家探亲的8天时间里，李向群6天6夜守护着道雄。白天陪他一遍遍观看专门从部队带回的《中华之剑》录像带，晚上和他睡在一起，帮他戒除毒瘾。

如今，已经完全戒掉毒瘾的周道雄成了出色的个体经营者。用李向群教自己的办法，他也帮助另外3位青年告别了毒品。扑在向群的墓碑上，周道雄一次次放声痛哭："我改好了，阿群，你知道吗？"

青山有情，掩埋烈士的南渡江畔，早已山花遍野；英雄有幸，李向群从死亡线上救起的溺水少年许振光和他生前多次资助过的孤儿林烈华一起，接替他担负起了照顾他从前一直照料的镇上几位五保户的责任。他的母校——琼山市东山圩小学已更名为"向群小学"，并把烈士父母捐赠的2万元抚恤金作为了"向群奖学金"的第一笔经费。

春节那天，8位少年时期的伙伴儿在霏霏细雨中，环绕着向群的坟茔种下了8棵青松。滴落在松枝上的晶莹雨珠，犹如他们淌出的心泪。他们当年同在向群组织的学雷锋小组，今天当以李向群名字命名的300多个学雷锋小组的旗帜在琼山城乡高高飘扬的时候，向群的品格和精神也如同眼前的青松一样，深深植根在了他们心中……

岂只在椰林茂密的南渡江畔，从荆江两岸到漓江之滨，在李向群留过足迹的地方，他的名字、他的壮举，他以永远20岁的生命铸就的精神正八方传颂。荆江、桂林、海口三地的中小学生，新学年的第一课，讲述的是他的事迹；描写他的话剧在北京、广州等地上演，场场爆满。正如江泽民总书记在全军抗洪抢险庆功表彰大会上所指出的："高建成、李向群、杨德胜等二十六名同志英勇牺牲，用生命谱写了壮丽的人生凯歌，他们的英名将永远铭记在人民的心中！"

《人民日报》(1999年02月24日　01版)

从雷锋到李向群

新华社特约评论员

新华社4月4日播发了题为《从雷锋到李向群》的特约评论员文章。文章说，中共中央总书记、国家主席、中央军委主席江泽民为“新时期英雄战士”李向群题词：“努力培养和造就更多李向群式的英雄战士”。这是党的第三代领导核心对一名普通士兵的褒奖，也是对人民军队的殷切期望。如同当年毛泽东同志为雷锋题词，曾极大地推动了全国学雷锋热潮的兴起一样，江泽民同志为李向群的题词，必将使学习李向群的活动蓬勃展开。

文章说，时代呼唤英雄，也造就英雄。李向群正是继雷锋之后，人民解放军涌现出的许许多多英雄模范中的杰出代表，他的身上所折射出的精神，正是雷锋精神在新的历史条件下的发扬和光大。虽然，这两个年轻的士兵生长在不同的时代，出身不同，成长环境也不同：一个是从旧社会走过来的苦孩子，一个是在改革开放环境中长大的富家子弟，但他们都是平凡岗位上的普通一兵，都是仅有短暂青春的年轻战士，都是解放军这所大学校哺育出来的时代英雄，都有崇高的人生追求、强烈的进取意识、高尚的道德情操、无私的奉献精神，都有着共同的人生观、世界观、价值观。在他们身上，体现了中华民族传统美德、人民军队的优良传统与时代精神的统一，体现了爱国主义、集体主义和革命英雄主义的统一。他们不仅是部队官兵的榜样，也是广大党员干部的榜样，是当代中国青年的榜样。

文章说，从雷锋到李向群都不是孤立的存在。他们身后是千千万万个雷锋和李向群。人民军队之所以能在各种急难险重任务中打胜仗，几十万官兵之所以能在’98抗洪斗争的极端险恶环境下抵御洪水，制服洪魔，我们改革开放的宏伟大业之所以能乘风破浪、不断前进，就因为在中国共产党领导下，我们的各行各业有千千万万个雷锋、李向群式的英雄人物。他们是民族的中坚，时代的脊梁。李向群的事迹再一次说明，时代变了，但人民军队的性质、宗旨没有变，他们仍然是人民群众最可依赖的子弟兵；伴随着改革开放成长起来的青年一代，具有新的历史环境赋予他们的新思想、新观念，但这种新思想、新观念本质上与雷锋精神是一脉相承的，雷锋精神依然流淌在他们的血液里，植根于他们的基因中。李向群短暂的人生经历和先进事迹，反映了改革开放条件下一代优秀青年的成长规律，证明了当代青年完全能够继承我党我军优良传统，肩负起跨世纪的历史使命。

文章最后强调，我们要积极响应江泽民同志的号召，认真地、扎扎实实地开展向李向群学习的活动，努力培养和造就更多李向群式的英雄战士和“四有”新人，推动有中国特色社会主义事业不断向前。

《人民日报》(1999年04月05日　01版)

张　超

张超生前是海军某舰载航空兵部队一级飞行员。入伍 12 年来，他始终怀揣“强军梦”“飞行梦”“舰载梦”，精飞苦练不停歇，履职尽责不懈怠，超越自我不止步，多次参加重大演习演练和军事行动，磨砺成长为优秀的航母舰载战斗机飞行员。2016 年 4 月在执行任务中，他不幸以身殉职，年仅 29 岁，被批准为革命烈士。

化作海天一“飞鲨”

——追记海军某舰载航空兵部队一级飞行员张超烈士

倪光辉

苍茫海空，辽宁舰劈波斩浪，一架架“飞鲨”战机陆续临空、绕舰、着舰。这意味着，新一批中国航母舰载战斗机飞行员将诞生！

然而，本已做好充足准备、具有绝对实力的一位“飞鲨”英雄缺席了。他叫张超，海军某舰载航空兵部队一级飞行员。

今年4月27日，张超在驾驶舰载战斗机进行陆基模拟着舰接地时，战机突发电传故障，危机关头，他果断处置，尽最大努力保住战机，推杆无效、被迫跳伞，坠地受重伤，经抢救无效壮烈牺牲。

张超是为我国航母舰载机事业牺牲的第一位英烈。在壮阔海天绚烂绽放的生命之花，永远定格在了29岁的青春。

生命最后的4.4秒，折射其一生的报国梦想

4月27日12时59分，连续完成两架次海上超低空飞行后的张超，驾驶战机执行当天最后一个架次飞行任务。当他近乎完美地操纵飞机精准着陆时，飞行教员已经开始在心里点赞，这意味着他们又顺利完成一天的飞行任务。

然而，谁也没料到，已经接地的飞机突报“电传故障”。电传故障，是歼—15飞机最高等级的故障，一旦发生，意味着飞机失去控制。不到两秒钟，机头急速大幅上仰，飞机瞬间离地，机头超过80度仰角。所有人的心都揪了起来。“跳伞！跳伞！”飞行指挥员对着无线电大喊。几乎同时，火箭弹射座椅穿破座舱盖，“呼”的一声射向空中……

正在塔台商议第二天飞行计划的舰载航空兵部队长戴明盟、时任团长张叶马

上往外冲，朝张超落地的方向狂奔。由于弹射高度太低，角度不好，主伞无法打开，座椅也没有分离，从空中重重落下，在草地上砸出一道深深的痕迹。此时的张超脸色发青，嘴角有血迹，表情十分痛苦。救护人员赶到了，张超被紧急送往医院。

20 多分钟的路程，张叶从未觉得如此漫长。“团长，我是不是要死了，再也飞不了了……”张叶没想到，这句话竟成了张超最后的告别。15 时 08 分，一颗年轻的心脏永远停止了跳动。彩超检查显示，在巨大的撞击中，腹腔内脏击穿张超的胸膈肌，全部挤进了胸腔，心脏、肝脏、脾、肺严重受损。

“战机在张超的心里，比生命更重要！”现场视频和飞参数据清楚地显示，在飞机出现大仰角时，张超做出的第一反应竟是把操纵杆推到头，他想保住飞机，却错过了最佳跳伞时机。“从 12 时 59 分 11.6 秒发现故障到 59 分 16 秒跳伞，整个过程仅用了 4.4 秒，张超娴熟地完成了一系列动作，堪称优秀的战机飞行员。”戴明盟说，张超肯定知道，歼—15 飞机系统高度集成，发生电传故障，第一时间跳伞才是最佳选择。生死关头，张超却做出了一个“最不应该”的选择……

张超 1986 年 8 月出生在湖南岳阳的一个农民家庭。大家庭里有 10 多名党员，大舅当过 20 年兵，从小耳濡目染党的信念宗旨、听舅舅讲战斗故事，他的胸膛里早就激荡着一股英雄气，从军报国的理想在他心里深深扎下了根。

2003 年 9 月，空军到张超就读的岳阳七中招飞行员，张超欣喜若狂。因其 3 个哥哥少年时先后淹死、病亡，张超是家里的“独苗”，家人劝他“别去当飞行员，这职业太危险”，但张超还是第一个报名应征。2004 年 9 月，张超顺利通过层层考核选拔，成为当年全校唯一的飞行学员。

进入航校后，张超不知疲倦地学习、训练。两年下来，理论功课门门优秀，训练成绩项项满分。航校毕业时，学校提出留他任教，他坚决要去作战部队，要去“海空卫士”王伟生前所在的海军航空兵某团。

他在日记中写道：“飞行不仅是勇敢者的事业，更是我的使命所系、价值所在！”

从零追赶，敢做不畏挑战的“飞鲨”英雄

2012 年 11 月 23 日，万众瞩目中，首飞试飞员戴明盟驾着战鹰成功实现了中国舰载机在自己的航母上成功起降。从这一刻开始，张超梦想深处再次荡起涟漪。

随着航母事业的发展，要在三代机部队遴选舰载战斗机飞行员的消息，搅乱了张超平静的心。一个崭新的“舰载梦”在张超心底萌生了。“要干就干最难的，要飞就飞舰载机！”张超第一个递交了申请表。

2015 年 3 月，张超以优异成绩被选拔进入舰载机部队，正式投身舰载飞行事业，成为中国海军最年轻的舰载战斗机飞行员。

此前的张超是部队公认的飞行尖子，先后飞过多型战机，参加过西沙驻训等 10 多次重大演习演练。曾数十次带弹紧急起飞，次次都出色完成任务。在某飞行团，他改装二代机第一个放单飞，改装三代机比计划提前 4 个月完成，和战友们一道创造了海军三代机改装多项新纪录。

然而，从陆基到舰基，并不只是简简单单的一字之差，更意味着一切归零。

“有本事，就是要素质过硬、能打胜仗”，这是张超挂在嘴边的一句话。他是这么说的，更是这么做的。

张超是海军超常规培养的舰载机飞行员之一，而同班其他飞行员在两年前就开始了培训。为了赶上进度，张超用近乎疯狂的状态学习钻研，夜以继日逐项攻关。他经常利用周末和休息时间给自己加量，把自己“绑”在模拟器上训练，就连睡觉室友都常听他念叨上舰飞行口诀，他的模拟器飞行时间超过大纲规定近 3 倍。对战机座舱内上百个飞行仪表和电门，他能“一摸准”“一口清”，每次飞行几百个操纵动作和程序记得丝毫不差，近百个空中特情处置方案倒背如流……

陆基模拟着舰训练中期，张超进入着舰技术反复期，技术状态时好时坏，训练成绩徘徊不前。为突破技术瓶颈，每飞完一个架次，张超都会不停地向教员请教自己飞行存在的问题；每个飞行日讲评，他总是第一个请着舰指挥官分析自己动作的偏差，不搞懂弄通绝不罢休。

张叶回忆说：“张超牺牲了很多休息时间，平时很少外出，都是在房间、在模拟器上加班补课。”付出终有回报，张超训练水平稳步提升，飞行技术日臻完美，所有课目全部优等，在班里训练综合成绩名列前茅。

既是一座精神丰碑，更是一块前进路标

“他是为飞鲨而生，为飞鲨而死的！等上舰的时候，我要带着张超的徽章，让他陪我们一起见证，成为真正的舰载战斗机飞行员！”团参谋长徐英告诉记者。

遗体火化那天，全团飞行员去殡仪馆送张超最后一程。看到张超仍然佩戴着二级飞行等级标志，其实他在今年3月就被评定为一级飞行员，因训练紧张还没来得及换发。徐英摘下自己的一级飞行员标志，端端正正地戴在张超胸前。战友们把张超的二级飞行员标志珍藏起来，表示“要带着这枚胸标一起飞上航母，完成张超未尽的心愿”。

在战友眼里，张超是一个完美主义者。他大胆地飞、科学地飞、安全地飞，飞行技战术水平跨越式提升。训练之外，他还善于总结。张超把自己改装的经验体会写成论文发表在团里《尾钩》舰载飞行杂志上，为后续改装的舰载机飞行员提供借鉴，这期杂志也成为全团每名飞行员的珍藏。

“诚实守纪，是飞行员宝贵的品质。”戴明盟介绍说，飞行讲评非常严苛，都是直指问题，但有些问题如果飞行员自己不说，别人未必知道。在一次驾驶教练机起飞后，张超忘记把起落手柄复原。这个小失误，短期内虽不会造成直接严重后果，但时间一长容易使电门失效，最终导致起落架放不下来等灾难性后果。飞行讲评会上，张超主动说出自己的错误，虽换来一顿严肃的批评，但他觉得很值得，警醒了自己，也提醒了其他人。

使命召唤、时不我待。距离驾驶“飞鲨”上舰的梦想越近，张超浑身越有使不完的劲。从4月初开始，张超在紧张的飞行训练之余，把全部精力都用在整理经验、收集资料、编写教范上，只用了20多天就整理出视频资料200余份、心得体会2万余字，丰富了舰载飞行的“资料库”。

张超的电脑里，保存着一份歼—15飞机实际使用武器的教学法。“今后，每一个学习歼—15飞机武器使用的飞行员，都会记住张超的名字。”副团长孙宝嵩表示，这套教学法凝聚着心血，体现着担当，弥足珍贵，成了张超为航母部队战斗力生成贡献的最后一份力量。

“张超既是一座精神丰碑，更是一块前进路标。航母事业是一项全新的事业，未来考验还很多、要走的路还很长，但我们一定会朝着尽快形成航母战斗力的既定目标，毫不动摇、毫不畏惧，勇于探索、勇敢前行！”戴明盟说。

6 月 16 日，渤海湾畔，一架架歼—15 飞机再次展翅海天间。

矢志舰载事业，甘洒热血驰骋长空；献身碧海蓝天，千秋浩气永垂英名。魂归海天，英雄不死！

《人民日报》（2016 年 08 月 01 日　06 版）

山河激荡英雄气

李秦卫

“中国人必须拥有自己的反导系统！”为了这口气，“反导尖兵”陈德明26年铸盾天疆，在荒凉大漠写下精彩人生；“绝不能再让洪水夺走乡亲们的命！”刘景泰落水失踪了，但他的精神止筑成千里大堤；“飞行不仅是勇敢者的事业，更是我的使命所系、价值所在！”为了这个使命，舰载机飞行员张超把29岁的青春化作了海天“飞鲨”……

这个夏天，山河激荡英雄气！媒体上，人们点赞英雄用信仰冶炼出来的气节、气魄；交谈中，人们赞叹英雄用钢铁锻造出来的气概、气度。

“天地英雄气，千秋尚凛然。”在中华民族五千年代代相承的精神气息里，英雄气始终汹涌澎湃。“壮志饥餐胡虏肉，笑谈渴饮匈奴血”是许身报国的英雄气，“我自横刀向天笑，去留肝胆两昆仑”是自我牺牲的英雄气，“暮色苍茫看劲松，乱云飞渡仍从容”是蔑视困难的英雄气。

而今，尽管价值多元，社会多样，但英雄气这个正向氛围的“最大公约数”从未消减。《亮剑》连年热播，还不是它呼应着人们“遇到强敌，哪怕倒下也敢于亮剑”的共鸣？阎肃那弦歌感人心的旋律常年激昂在大街小巷，还不是它振奋着人们内心那潜伏的豪气？已是耄耋老人的抗战老兵在“9·3”阅兵中获得最高敬意，还不是他们让众人感怀于当年那血战到底的英雄气？

英雄气激荡，国家有希望。新长征路上，让英雄气充盈神州大地，才能孕育出一个又一个英雄，才能续写一篇又一篇传奇。

英雄气是胆气。俗话说，无勇气不英雄。男儿有胆气，仗剑走天涯。朝鲜战场上，志愿军之所以能打败“联合国军”，一个重要原因就是志愿军尽管“钢”少，但“气”足。小高岭战斗中，在连续击退敌人8次疯狂进攻后，阵地仅剩一人，但他抱起10公斤重的炸药包冲进敌阵，与40多个敌人同归于尽。他叫杨根思，在用生命信守“人在阵地在”誓言的同时，也把磅礴的英雄气刻在新中国的年轮里，刻在后继者的心灵崖壁上。

英雄气是氧气。“中国核潜艇之父”黄旭华曾说，在研制我国第一艘核潜艇遇到困难时，他想一下“核潜艇——一万年也要搞出来”的话，浑身就又充满了力量。1950年，“进藏先遣连”在平均海拔5000米的高原上喘不过气来时，连长李狄三和大家想到“出兵西藏，解放西藏”的任务，就像吸了氧气一样充满力量，再次迈上风雪路。哲人有言，“一心向着自己目标前进的人，整个世界都会给他让路。”对目标坚定的人而言，英雄气就是氧气，英雄气就是动力。

英雄气是正气。英雄气是霸气而非匪气，是豪气而非邪气。英雄之所以为英雄，首先在于其目标和动力正确。正所谓“高尚的目标用卑鄙的手段来实现，同样不是高尚的行为”。古人云：“分虽严明而情贵周通”。只有让正气成为英雄气的底色，威武而不私、勇毅而不俗、大公而不薄，才能绝恶弃俗，下自成蹊，重情重义，上下服膺。

时势造英雄。在活力迸发的中国，踏着全面深化改革的鼓点，迎着越走越近的复兴梦想，在“东风吹醒英雄梦，笑对青山万重天”的今天，我们不妨多“呼吸一下英雄的气息”。

《人民日报》（2016年08月15日　04版）

申亮亮

申亮亮，男，汉族，中共党员，1987 年 8 月生，河南温县人，生前系 65307 部队 70 分队班长。他从军报国信念坚定，军事技能训练刻苦，熟练掌握连属主战装备，精通运输车、瞄杆钻车、挖掘装载机等装备操作，成为“一专多能”型骨干，入选集团军百名专业技术能手人才库。2016 年 5 月赴马里执行第四批维和任务，在执行任务中遭遇恐怖袭击，他果断指挥战友向目标射击，在汽车炸弹爆炸瞬间将战友推离，用自己的生命换回战友的平安。被追记一等功，荣获国家荣誉称号。

申亮亮，绽放在人民心中的英雄花

陈学桦　侯　萍

“诚既勇兮又以武，终刚强兮不可凌。身既死兮神以灵，魂魄毅兮为鬼雄。”北京时间6月1日凌晨，中国赴马里维和部队营区遭遇恐怖分子汽车炸弹袭击，维和战士申亮亮壮烈牺牲，以身殉国。

“维和英雄，祖国接你回家！”6月9日下午，在举国的凝望中，中国首次使用军用运输机，跨越11个国家，连续飞行27000多公里，接运申亮亮烈士灵柩回到祖国。

“魂兮何所在，魄兮何所以”，6月12日，曾在太行山下黄河岸边温县大地上嬉戏成长、挥洒青春的孩子——维和英雄申亮亮魂归故里。

太行垂首，黄河哽咽。掩映在苍松翠柏之中的温县烈士陵园，正张臂等待英雄的到来……

若有来生，还要送他去参军

2016年6月1日，对于42万温县人来说，这个日子定格了29岁的故乡大男孩儿申亮亮的生命。同时，也成为所有温县人永远铭记的一份神圣。

连日来，闻讯而来的街坊邻居、老师，站满了申亮亮家的庭院和门前街道。大家抑制不住地悲痛，摇着头说，怎么能相信，那么善良、那么青春帅气的小伙就这么走了？！

“我们家亮亮从小就对部队有一种特别的感情，参军后对部队生活更是一往情深，感觉要待一辈子才好。”说起二弟，姐姐申海霞又一次泪如雨下。

也许是受年轻时想当兵却未能如愿的父亲的影响，申亮亮从小就喜欢听军人的故事，一看到军旅电视剧就痴迷得不得了。2005年12月，申亮亮如愿以偿，光荣入伍。不久，凭着过硬的政治素养和专业素质，他不仅加入中国共产党，还两次被评为“优秀士兵”。

“部队很好，我也一切都好，爸妈不用牵挂我，一定要照顾好自己的身体！”11年来，父母已不记得听他说过多少次。“他不想让我们担心。”父亲申天国说。2010年，他随所在部队前往吉林省永吉县参加抗洪抢险救灾，由于表现突出，被授予防汛抗洪抢险救灾纪念章。这段经历，家人在收藏纪念章时才知晓。

“如果可以重新选择，还会让亮亮当兵么？”有记者曾经问。

“当兵是他的理想，保家卫国是他的使命，我不后悔当初的决定，不后悔当初的选择！”申天国郑重又坚定地回答。

学习英雄，应征入伍报效祖国

6月12日，再次走进申亮亮嬉戏成长的街道，正好遇到申亮亮的“干娘”赵三艳。

“几天不见，怎么感觉你瘦了呢？”“怎么能不瘦呢，这么多天了，吃也没胃口，觉也没有一个晚上睡得安稳。直到现在我都不能相信亮亮已经走了，感觉到处都是他的影子啊，还像以前一样在我的面前说啊笑啊的。”提起申亮亮，她又一次泪流满面，赵三艳、李国一家和申亮亮的故事再次浮现。

对于申亮亮来说，李国——这个参军前教他学开车修车师傅的家，是他的另一个家，每次回来探亲，这个家是他必来的。他们怎能忘，亮亮参军走时6岁的儿子李邦豪抱着他的腿哇哇哭着不撒手的情形；怎能忘，他们之间没有血缘却情同一家的深厚感情……

又值征兵时期，广大适龄青年在申亮亮事迹的鼓舞下，更加积极地听从军旗召唤，踊跃报名参军。

应征青年任坤来说：“听到申亮亮在马里维和牺牲的消息，我很难过，但也为我们温县能出一个英雄而感到骄傲，我要继承英雄遗志，向英雄学习，报名参军。”

申亮亮的同乡牛坤杰说：“亮亮是我心目中的英雄，我愿以他为榜样，参军扛枪，保家卫国。”

“亮亮为我们家乡争光了。他是为国捐躯，死得光荣！我支持儿子报名参军，好男儿志在四方，让他去报效祖国吧。”应征青年陆行峰的父亲陆保林说。

英雄花开，绽放在人民心中

申亮亮的事迹感动着全国人民，也牵动着家乡人民以及无数网友的心。

焦作市委书记王小平表示，焦作市委、市政府将严格按照国家有关部门的要求，按最高标准处理申亮亮烈士的后事，做好烈士家属的安抚照顾工作。同时，要在全市范围内掀起学习申亮亮烈士英勇事迹的活动，让英雄信念坚定、忠于职守、敢于担当、勇于牺牲的革命精神，成为激励全市人民奋发图强、砥砺奋进的思想指针和动力源泉。

武警温县中队负责人深情地对英雄的父亲申天国说，“我们为能有亮亮这样的战友感到自豪，温县为能有你们这样的英雄家庭感到自豪，您放心，以后您的家就是我们的家，您就是我们的父亲，我们会经常来看您。”

以英雄的母校温县第二实验中学为代表的全县多所学校，相继开展了“向维和英烈申亮亮学习”的全校师生大会、“学习英雄事迹传承英烈精神”主题班会等一系列的追思活动。会后，孩子们感动地说：“学长，你是我们身边的英雄！我们为你骄傲，我们向你学习！”

网友“风中百合”说：“河南这片土地自古以来英雄辈出。这份英雄谱名单长得令人无法完整列出，古有花木兰、岳飞，今有李学生、殷晓非，眼下则是申亮亮！”

网友“云中山”在微博中深情地写道：河南近些年来涌现出来的英雄人物，从花甲老人到年轻学子，涵盖了各个年龄阶段和职业类型，构成了一个多姿多彩的英雄群体，他们的事迹感人至深，是河南人的优秀代表。

……

网络上，数不清的网友纷纷留言向英雄致敬。

6月的怀川大地，丰收在望；英雄故乡的太极公园内，和谐安详。孟夏的轻风中，人们争相传颂着英雄事迹：亮亮，你是家乡人的骄傲，是绽放在人民心中的英雄花！

《河南日报》(2016年06月13日)

“缅怀我们的英雄”

钟 声

当地时间5月31日晚，联合国驻马里多层面综合稳定特派团（马里稳定团）营地遭遇恐怖袭击，第十九位中国维和人员壮烈牺牲。

“缅怀我们的英雄”，5月29日联合国维持和平人员国际日的主题。1948年以来，3400多名维和人员在联合国旗帜下因公殉职。仅仅两天后，英雄名册上又增加了一位中国军人的名字——三级士官申亮亮。

“随着太阳北上，马里进入热季，白天最高气温已突破40摄氏度，地表直逼60摄氏度。更恶劣的是，地雷设伏、火箭炮袭击等恐怖事件多样频发，已造成其他国家维和部队多人死伤，最近的一颗火箭炮就在我眼前200米处轰然炸响。”这是两年多前中国首批赴马里维和部队一员的描述。酷暑和死神阻挡不住中国军人的步伐，申亮亮随第四批中国维和部队来到马里，继续为当地的安全与稳定撑起保护伞。

从硝烟弥漫的马里，到疾病肆虐的刚果（金）；从酷暑难耐的南苏丹，到冲突不断的黎巴嫩……在贫穷、战乱、动荡的角落里，中国维和官兵履行监督停火、扫雷排爆、筑路架桥、物资运输、医疗救护、警戒护卫等各项使命，被誉为“战区部队的典范”。据中国国防部统计，中国维和官兵新建、修复道路1.1万余公里和300多座桥梁，发现、排除地雷及各类未爆炸物9400余枚；运送各类物资器材110万吨，运输总里程1200万公里；接诊病人近15万人次……他们用钢铁之躯和顽强坚守守护和平的蓝天。

中国维和人员以自己的努力与付出彰显了威武之师、文明之师、和平之师的良好形象，为中国赢得尊重与荣耀。为感谢中国维和官兵穿越120公里荒漠为当地装上了大型储供水系统，苏丹东达尔富尔州最大的部落改名“中国村”；在埃博拉疫情肆虐的利比里亚，当地居民激动地说："在最困难的时候，中国带来了希望！""我对中国维和人员所做的工作感到非常自豪，正是他们让我们这个世界变得和平、安全和自由。"这是联合国秘书长潘基文发出的由衷赞叹。

自 1990 年 4 月中国首次向联合国停战监督组织派出 5 名军事观察员以来，中国累计派出维和官兵 3 万余人。如今，中国已成为联合国安理会常任理事国中派出兵力最多的国家。现有 2400 多名中国维和人员正在马里、刚果（金）、利比里亚等 7 个非洲任务区执行联合国维和任务。去年的联合国维和峰会上，习近平主席郑重宣布，中国将加入新的联合国维和能力待命机制，为此率先组建常备成建制维和警队，并建设 8000 人规模的维和待命部队。中国将积极考虑应联合国要求，派更多工程、运输、医疗人员参与维和行动。

"心中向往着和平的天空，不忘妈妈慈祥的笑容；年轻的心，闪亮出征；走千里，走万里，祖国为我壮行。"自豪吧，中国蓝盔，在异国他乡的恶劣环境中书写无悔忠诚；安息吧，年轻的士兵，你和战友们铸就的丰碑永远耸立在祖国和世界人民心中！

《人民日报》（2016 年 06 月 03 日　03 版）

杜富国

杜富国，男，汉族，中共党员，1991 年 11 月生，贵州湄潭人，2010 年 12 月入伍，陆军某扫雷排爆大队战士。2015 年 6 月，他主动请缨参加边境扫雷行动，为人民利益勇闯雷场，为边境安宁挥洒热血，为战友安危舍身忘己，任务面前、关键时刻、危急关头处处叫响“让我来”。2018 年 10 月在排雷作业时突遇爆炸，将战友护在身后，自己却身受重伤，永远失去双眼双手。被中央军委授予排雷英雄战士荣誉称号，荣立一等功 1 次，荣获时代楷模、全国自强模范荣誉称号。

强军思想引领下的英雄战士

——记陆军某扫雷排爆大队战士杜富国

苏银成

初夏，踏上云南省麻栗坡县坝子村，只见绵延起伏的山坡上，松苗随风摇曳，茶树吐出新绿，处处孕育着乡亲们对脱贫的美好憧憬……

这里是昔日的雷场，陆军某扫雷排爆大队战士杜富国就是在这个地方负伤的。2018 年 10 月 11 日，杜富国在扫雷行动中发现一枚加重手榴弹，他立即让同组战友艾岩退后，独自上前查明情况。突然，一声巨响，杜富国下意识地向艾岩方向一侧身，挡住了手榴弹爆炸后的冲击波和弹片，战友得救了，他失去了双手和双眼。就在这声巨响之前，他已排除 2400 余枚爆炸物。

4 月 16 日，记者在陆军军医大学西南医院见到了杜富国。他在爱人王静的搀扶下摸索着缓慢向大家走来，双眼蒙着洁白的纱布，脖子上黄豆大的伤疤密密麻麻。当他以军人的标准站姿，迅疾举起残缺的右臂向大家致以特殊军礼，在场的人无不为之动容……

这是一双什么样的眼啊？

双眼球已被摘除。2018 年 11 月 24 日，当扫雷大队为躺在病床上的杜富国颁授一等功奖章时，他习惯性地低下头，真想端详一下一等功奖章的模样。

这是一双什么样的手啊？

双手已被截肢。2019 年春节，杜富国用纱布层层缠绕，将硬笔捆于残臂，在白纸上艰难地写下“春节快乐”4 个大字，向全国人民拜年。

几个月过去了。他排雷负伤前对战友说的那句“你退后，让我来”传遍大江南北，他的名字印在了“感动中国”的丰碑上，更印在了亿万人民心中……

“这就是我的使命，一个声音告诉我：我要去扫雷”

“这里共有113块雷区，面积约81.7平方公里，在雷区附近生产生活的我方边民达5000余户5万余人。密布的地雷威胁着人民的生命财产安全，制约着边疆建设的发展。继第一次、第二次大面积扫雷行动后，2015年，国务院、中央军委启动第三次大面积扫雷行动，明确要求彻底清除雷患。”原扫雷大队大队长陈安游介绍说。

“我感到这就是我的使命，一个声音告诉我：我要去扫雷！”杜富国说。从2015年6月开始，他和来自不同单位的400多名战友，抛弃一切牵挂，义无反顾地奔赴扫雷战场。

杜富国1991年11月出生于贵州省遵义市湄潭县，2010年12月入伍，2016年11月入党。8年多的军旅生涯中，他有过3次重要选择：

第一次是参军来到云南某边防团，他原本可以成为一名优秀的边防战士，却选择参加扫雷；第二次是来到扫雷队后，队长发现他的炊事技术不错，有意安排他当炊事员，但他选择到一线扫雷；第三次是排雷遇险时，他选择让战友退后，自己独自上前排雷。

排雷兵，是和平年代离死神最近的人。杜富国明知这一次次的选择意味着什么，但他为什么义无反顾？

答案写在他的请战书上。2015年6月，杜富国当兵第五年。第三次大面积扫雷任务下达，他立即报名参加。在给连队党支部递交的请战书上，他这样写道：“正如我5年前参军入伍时一样，那时我思索着怎样的人生才是真正有意义有价值的。衡量的唯一标准，是真正为国家做了些什么，为百姓做了些什么……我感到，冥冥之中，这就是我的使命。”

2018年9月，满服役期的战士窦希望打算退伍，而杜富国12月份也面临退伍。窦希望问杜富国：“走不走？”杜富国说：“活没干完就退伍，谁来扫雷？”窦希望从此再未提退伍的事。

杜富国负伤后，猛硐乡乡长盘院华流着泪说：“全乡2万亩茶园，8000亩在雷区，群众都被炸怕了。杜富国救的不只是自己的战友，还有全乡的百姓。”

2018 年 11 月 16 日，在杜富国负伤的老山雷场，他的战友以中国军人特有的“手拉手”方式，扫完最后一块雷场，移交给边疆人民耕种。至此，历时 3 年多的第三次大面积扫雷任务宣告结束。

当天，队长李华健给杜富国打电话告知这一消息。杜富国很是激动，负伤前的情景浮现在脑海：他和战友沿着雷场登上老山主峰，远山如黛，美若仙境。扫雷兵们感叹：“真想把它画成一幅画啊！”

“我入了党，就能够带头干、挑担子了”

已经转业的扫雷四队原队长龙泉，听到杜富国负伤的消息很难过，“既意外，又不意外”。意外，是因为杜富国排雷技术好、心理素质好，受伤的“怎么会是他？”不意外，是因为杜富国排雷时总是“让我来”，承受的风险比别人高。

心中有信仰，脚下有力量。

至今，龙泉还记得队里发展第一批党员时，杜富国汇报入党愿望时说的话：“队长，我入了党，就能够带头干、挑担子了。”回想这番话，这名老党员很是感慨：“我们究竟为什么入党？富国的话很朴素，却值得每一名党员深思。”

杜富国负伤后，有人问：“你为什么会用身体为战友挡弹片？”杜富国说：“我和战友是以命相托的兄弟，换了谁都会这样做。”

“艾岩怎么样……伤得重吗？”重症监护室内，刚刚醒来的杜富国双手被截肢、双眼被摘除，却仍惦记战友的安危。

杜富国和艾岩是同年兵，也是雷场上的生死搭档。艾岩来到扫雷队后，杜富国一直手把手教他排雷。每次有险情，杜富国都让他退到安全地带，自己独自上前处置。“如果不是富国主动上前排雷，如果不是他下意识地一挡，致残或牺牲的就是我！”艾岩几度哽咽……

在雷场，谁多排一颗雷，谁就多一分危险。杜富国深知这种概率，可他总抢着上。

在马嘿雷场，杜富国曾经排除 1 枚脸盆大小的 59 式反坦克地雷。大山密林，人都很难上来，为什么会埋反坦克地雷？这颗怪异的地雷引起了杜富国的警觉。他抢先对同组作业的班长许猛说：“班长，让我来！”排除后才发现，这个“大家伙”的顶端凹陷，原来是一枚精心布设的“诡计雷”，要安全地排除它谈何容易。

当有人问杜富国：“你为救战友失去了双手双眼，现在最大的困难是什么？康复后想做些什么？”他沉默良久没有作声，两行热泪滑落下来……

新年伊始，在病床上，杜富国拿起麻栗坡人民送来的收音机，聆听着习主席新年开训令。他说：“部队闻令而动，掀起了实战化训练热潮。我也要刻苦训练，争取早日康复，做更多对党对人民有益的事，不辜负部队的培养、人民的关爱。”

“工作总要有人干，我多干一点，大伙就少累一点”

“富国话少、腼腆，却有一副热心肠。”遵义的乡亲们都这么说。

提起受伤的大侄子，姑姑杜静忍不住泪往下流：“富国在几兄妹中是老大，在家的时候什么活都带头干。”

童年时代，杜富国的父母在外务工，家里日子过得紧巴巴的。苦熬不是办法，苦干才有希望。他从小担起家庭重任，背着弟弟妹妹放牛、砍柴、干农活。四邻八舍人见人夸。

别人家的铲车“趴窝”了，学过维修的杜富国主动帮忙，从下午5点捣腾到凌晨；村里人家办红白喜事，杜富国不用人喊，总是会去帮忙端茶、送菜、摆放桌凳、收拾碗筷……

到了部队，杜富国更是热心助人。他利用休息时间，为队里修水电、修门窗、修设备，成为出色的“三小工”；雷场上，他把自己的干粮分给饭量大的战友，分给山里的困难群众；战友有困难，他时常拿出300、500元乃至上万元支援；在驻地，他常常帮助乡亲铺路坑、搬物资、修水电。战友问他：“天天忙个不停，你就不知道累吗？”他说：“工作总要有人干，我多干一点，大伙就少累一点。”

二班战士詹程说，富国总是闲不住、忙不完，也从不嫌麻烦。有一天，从雷场回来，大家很疲惫，大多在休息娱乐，杜富国的“休闲方式”则是到处转，看看水龙头是否漏水、澡堂的灯泡亮不亮、椅子腿是不是松了。

在雷场，杜富国干的活也总是最多，背的装备总是最沉。他总是歇不下来，大家把他誉为“小马达”。

马嘿雷场山高坡陡、荆棘密布，来回有6公里山路，扫雷兵要背负爆破筒一步一步往山上挪。一个弹药箱重 27.5 公斤，每次杜富国都要争着扛两箱，有时候还后面背两箱，前面再抱一箱。他的肩膀被背带勒出一道道血印，脚底也磨出了血泡。战友心疼他："少扛点，时间长了，铁打的身体也吃不消。"杜富国笑道："没得事，我身体好。"

2018 年 9 月 2 日，驻地猛硐乡发生百年不遇的泥石流灾害，扫雷队凌晨出动救灾。看到十几名学生被困在二楼，杜富国第一个攀上一辆冲翻的皮卡车，借势爬上二楼阳台，将学生逐个抱下。

在敬老院，暴涨的河流将 19 名老人困在对岸。杜富国又是第一个拉着绳子，跳进河中蹚路。而后，他和战友站在河中组成人墙，将老人逐个背回。从河里出来，杜富国的腿被洪水中的杂物撞得淤青。面对战友的关心，他说："这是咱当兵的本分。"

"我会为自己加油，给大家带来更多阳光和正能量"

"飞飞，坚强点。"杜富国清醒后，这是父亲杜俊对他说的第一句话。"爸，我没事，放心。"杜富国的声音很虚弱，却平静。

杜俊没想到，伤情如此重的儿子还会安慰他宽心。在杜俊印象中，儿子负伤后，无论是手术还是换药清创，从来没叫过一声疼。他宁愿把泪水流在心里。

2018 年 10 月 21 日凌晨，病床上的杜富国疼得难以入眠，他抬起双臂想要触摸伤口，可是少了一截的断臂总是碰不到一起。

"我的手是不是没了？"杜富国问陪护他的分队长张波。张波支支吾吾地说："可能是绷带绑得太紧，所以没知觉。"黑暗中，杜富国没再问，一夜辗转。

张波赶紧给大队领导和医生发了信息："富国情绪激动，应该是察觉到自己双手没了"。翌日一早，大队长陈安游、政委周文春和医院领导商量，决定先告知杜富国失去双手的消息。

"富国，加重手榴弹近距离爆炸，为了保命，手没保住。""希望你坚强，你是我们扫雷大队的英雄，也是人民的英雄。"

听了陈安游和周文春的话，杜富国语气平静："首长，请放心，我一定会坚强。"

"隐瞒真实伤情越久，越不利于治疗。"按照主治医生陈雪松的意见，大队随后决定告知杜富国全部伤情。2018 年 11 月 17 日，病房再次站满了人。领导、战友、家人、护士都来了，还特意请来了心理干预专家。

“富国，爆炸太剧烈，手没保住，两个眼睛也没保住。”病房里静得让人窒息。

几秒钟的沉默后，杜富国微微颤抖地说：“我知道了，您放心，请大家给我点时间。”

心理医生蹲在旁边观察杜富国的表情，酝酿着几套心理干预方案，最终一套也没用上。

他的乐观让人感动。杜富国的脸部、四肢、胸腹等处严重炸伤，身上瘢痕累累。陆军军医大学西南医院医生嘱咐他：“只要忍得住，别脱压力衣。”杜富国穿上压力衣，浑身绷得像弹簧，除上药、洗澡、换衣外，每天 23 小时不脱，不喊一声苦，还打趣称自己成了“蜘蛛侠”。

他的坚强令人动容。当被问到未来如何面对新的人生时，他说：“我想学播音，讲一口很好的普通话，以后把扫雷的故事讲给更多的人听……我会为自己加油，给大家带来更多阳光和正能量。”

眼睛失去光明，心里升起太阳。在病房的每一天，他都会练习播音技能。除了医院制定的康复训练，杜富国每天也会坚持收听广播、练习写字、学唱歌曲，并让妻子和战友为自己读报。

“富国啊富国，你可知道在康复的路上，还有好长好长的路要走。”护士余翔默默地在心中为他祈祷。

西南医院康复中心主任刘宏亮说：“对杜富国的康复治疗，请了国内外的顶尖专家，用了医院的最好设备，组成了最强的医护团队。我们要向英雄表达崇高的敬意。”

现在，杜富国的伤情日渐好转。生日那天，他给医护人员唱了一首歌——《壮志豪情在我胸》，以感谢大家对他的帮助。豪迈的歌声在病房久久回荡。

病房的阳台上摆满了鲜花，其中一束鲜花上插着一张卡片，上面写道：“向日葵说，只要你朝着阳光努力向上，生活便会因此而美好！”

《人民日报》（2019 年 05 月 20 日　06 版）

用奋斗书写青春华章

银　城

杜富国作为一名“90后”的新时代军人，他的青春底色是爱国，他的青春支点是奋斗，他给人一股向上的力量。杜富国用“为任务敢拼命、为战友不惜命”的实际行动，诠释了军人的职业特质和崇高品质。

“一个有希望的民族不能没有英雄，一个有前途的国家不能没有先锋。”杜富国响应号令，在南疆扫雷行动中为了人民利益时刻冲锋在前，为了战友生命血染雷场。在康复中，他心里想得最多的是扫雷任务有没有完成，心里牵挂最多的是雷区的群众，心里最想做的是早日康复为人民为部队多做点有益的事。他不愧为习主席的好战士，不愧为全军青年官兵学习的榜样和标杆。

担当是胆魄，更是一种责任。强军兴军为新时代官兵提供了更加广阔的奋斗舞台；在这个广阔舞台上，有担当才能有作为。英雄前辈用身躯滚雷区是一种担当；和平建设时期，扫雷官兵手挽手蹚雷场也是一种担当。无数共产党人喊出“跟我上”是一种担当的表率；和平时期，杜富国喊出“让我来”是一种担当的自觉。

“不是天赋异禀，而是百炼成钢”。杜富国的英雄壮举并非与生俱来，而是靠汗水浇铸、靠实践锻造、靠血性挥就。放眼军营，和杜富国一样的英模层出不穷，如王锐、刘珪、蒋佳翼、韦慧晓……在他们身上，我们看到了习近平强军思想的伟大感召力，看到了我党我军的优良传统，看到了革命军人、共产党人的政治本色。他们用实际行动立起了“听党话、跟党走”的时代坐标，展示了为祖国为人民敢于牺牲、乐于奉献的时代风貌。

在实现中国梦强军梦的伟大征程上，我们呼唤更多像杜富国那样的英雄战士、时代新人。广大官兵要自觉向杜富国学习，时刻牢记习主席嘱托，“听党话，跟党走”；时刻把自己的命运与祖国的命运紧紧地联系在一起，把人民放在心中，把使命扛在肩上；时刻牢记我军宗旨，用生命担当使命，用奋斗书写人生，为实现中华民族伟大复兴贡献青春、智慧和力量！

《人民日报》（2019 年 05 月 20 日　06 版）

木里 31 勇士

2019 年 3 月 30 日下午，四川凉山木里县发生森林火灾，四川森林消防总队凉山支队西昌大队组织消防队员开赴一线展开扑救。

3 月 31 日消防队员克服山高坡陡、沟深林密、缺氧难行等困难，每人负重 30 余斤，徒步行军 8 个小时，在海拔 3700 余米的地方与森林大火展开了搏斗，当天下午，明火已被扑灭后，消防员在向山谷两个烟点迂回接近时，遭遇林火爆燃，31 名森林消防指战员和当地扑火人员牺牲。

青山为证　浩气长存

——木里森林火灾救火英雄群像

江　毅　张超群　吴光于　齐中熙　轩玉珏　张海磊　萧永航　刘　坤

青山凝噎，邛海含泪。

4月4日上午10点30分起，社会各界在四川凉山彝族自治州首府西昌市，送别在3月30日发生的木里森林火灾中牺牲的救火英雄。西昌市和木里藏族自治县降半旗，为三十多位烈士默哀。

三十多个家庭的父亲、儿子、丈夫，为了他们视若珍宝的森林，为了肩上沉甸甸的使命，献出了宝贵的生命。化为英灵，魂归森林。

热血青春
在烈火中永远定格

“老代，起床了。”

4月3日早上，醒来的周振生习惯地喊了一声，可回过身一看，旁边床铺空空的，曾经的室友、战友、兄弟——老代，再也回不来了。房间里的沉默，宛如一把刀子一点点地扎人心窝。

老代其实只有24岁，名叫代晋恺，是森林消防凉山支队警勤排的新闻报道员。“你们负责冲锋陷阵，我负责还原现场。”和队友们一起无数次穿越火海的代晋恺，爱把这句话挂在嘴上。

翻开代晋恺的微信朋友圈，从头到尾主题几乎都是两个字：救火。

3月2日：今年第11场火，开整！

3月3日：有一种战斗叫作“停不下来”，今年第12场！

3月4日：一段视频里浓烟滚滚、火势凶猛、白日如夜。他写道：什么叫遮天蔽日，第一次体会到烟把自己包围的感觉。

3月5日：一段在路上的视频。“恺哥，又着火了！”换衣服，走人，今年第14场!

……

4月1日，得知他在木里火灾现场，记者发微信提醒他注意安全却没有回音……这个开朗小伙清脆的语音，再也听不到了。

凉山州森林覆盖率超过45%，森林蓄积3.3亿立方米，是四川三大重点林区之一，长江上游重要生态屏障。当地阳光充足，天气干燥，每年10月底开始直到第二年6月初，都是森林火灾的高发期。

今年2月份开始，凉山干旱形势明显重于往年，仅2月份应急管理部接报处理的54起森林草原火灾中，凉山就有18起，占全国1/3。

就在十几天前，记者还曾走进森林消防凉山支队西昌大队采访。老成稳重的政治教导员赵万昆领着我们进的营地，记者依然清楚地记得他说过：“这里都是准军事化管理，以军人的标准要求专业化和职业化，但小伙子们很多都是‘95后’，容易害羞，你有啥想问的就问吧。”

22岁的周鹏是个笑起来很腼腆的清秀小伙，已经是西昌大队四中队一班的副班长了。为了当好一名消防战士，他克服了自己的恐高症，和队友们分别背着约15公斤重的装备，穿行在六七十度陡坡的深山老林。“为了消灭森林火灾，再大的困难都要克服。”

同样22岁的丁振军说，森林消防对体能和技能要求非常高，队员每天除了通过跑步、器械练体能外，上下午还要训练两次专业技能。“从去年到现在，很多地方一滴雨都没下过。有时上山随手摘片树叶，一搓就粉碎。今年是凉山火灾最多的一年，为了大家的安全，咬牙我们也要上。”

高高大大的陕西人高继垲是西昌大队四中队的中流砥柱。1993年出生的他是四中队三班班长，稳重少言，谈起“打火”却头头是道：“森林防火全部都是林地、草原，很多地方人迹罕至，只能步行，最久的一次我走了十几个小时。经常灭火后坐在车里就睡着了，睁开眼睛发现又到了另一个灭火点。”

有次火灾发生在春节，高继垲因此没来得及回家多陪父母几天。“我不怕苦也不怕累，就是有时候想回家看看他们，但我们肩负全州的森林灭火，这是我的使命。”

临别时，记者还和他们约定再找机会来采访，可万万没有想到，赵万昆、周鹏、丁振军、高继垲，这竟然是记者与他们见的最后一面。当得知木里森林火灾有三十多名扑火人员失联时，记者抱着一丝希望翻开采访本，找到周鹏亲手写下的电话号码拨过去，电话那头传来的只是冰冷的语音提示……

此次木里森林火灾，风向转变和罕见的“轰燃”，让西昌大队遭遇惨痛损失。活着回来的四中队消防员赵茂亦说：“撤离时山沟里有一棵倒下的大树挡住了去路，直径有 2 米多，很难爬过去。我们的扑火服一般火要烤四五秒才会有感觉，但当时就像熨斗直接在身上烫。”

大火在身后追，逃出的战士们回头嘶喊，却再也没人答应。赵茂亦最后一眼看到的是队里最小的王佛军，他还不到 19 岁。

“这几天做梦都听到他在喊‘班副，拉我一把’。”说着说着，赵茂亦把头扭向了一边，“还有中队长张浩，当天他是唯一一个背水枪上去的，遗体找到时，还背着一把烧焦了的水枪。”

采访中，记者在战士们的手机上看到过一段视频：几十位消防战士对着森林大火喊道，“兄弟们上！盘它！”现场火势很大，但是在场的战士们冲进火海里，没有一个人退缩，火焰照亮了一张张流着汗水的年轻的脸和一双双亮晶晶的眼睛。

再也不见的“月亮”
眷念着这片森林

“达瓦哥，一路走好！我们将怀念、继承和发扬您忘我工作、勇于担当的精神，守护好这片原始森林，守护好我们的家园……”4 月 2 日，木里县林草局副局长刘兴林在朋友圈里写下这样的话。

“达瓦”在藏语里是月亮的意思。这场大火中，年仅 48 岁的木里县林草局局长杨达瓦壮烈殉职。消息在全县传开的那天晚上，天空星稀云薄，却看不见月亮。

“达瓦讷于言敏于行，林学专业出身，每次‘打火’都是冲在最前面，没想到他以这样的方式回归他热爱的森林。”木里火灾前线指挥部指挥长、木里县县长伍松声音哽咽。

今年2月，木里县三桷桠乡发生过一场森林火灾，杨达瓦带人前往火场，归来时已经是5天后。“回来时达瓦脚上一双黄胶鞋连鞋底都磨穿了，脚也磨烂了。”刘兴林失声痛哭，“他本来是要赶到西昌去开会，结果连夜赶去火场。这么多年，他永远都是匆匆忙忙，事事在前，没想到这一次再也回不来了。”

杨达瓦毕业于西昌林业技校，毕业后到木里县林业局参加工作。此后，他的命运就与森林紧紧系在了一起。2008年，杨达瓦调到麦日乡任武装部长。

麦日乡是木里县的森林大乡，森林防火任务非常繁重。木里林业局专业扑火队队员李龙忠说，每当起火，扑火队和当地干部就要第一时间奔赴火场。

“有一次在火场上奋战了5天5夜，大火扑灭后我们跳到河沟里洗澡，河沟水都被染黑了。当年达瓦在乡里分管森林防火工作，一有火情，就和扑火队一起冲到前面。”李龙忠说。

4月2日，杨达瓦牺牲的消息传到他曾经工作过的李子坪乡白草坪村，村上哭声一片。

“没有他，就没有我们这里的村道。现在村里变化大了，我经常给他打电话想让他回来看看，可他太忙了。”村支部书记何杨清几度哽咽。

“我再也报答不了达瓦乡长的恩了。”彝族村民何拉体泣不成声。因为孩子患有强直性脊柱炎，家中生活艰难，杨达瓦在乡里工作的那些年先后资助过何拉体好几千元。“那时候他一个月工资也就2000多元。我们乡彝族、藏族、蒙古族、苗族都有，不管谁去找他，他都会站起身迎接，客客气气的。”

杨达瓦总是那么忙，可是回家的时间再晚，82岁的老父亲也会坐在客厅里拨弄着念珠、转着经筒等他。然而这一次，他再也等不到儿子回家。

他们是英雄
我们满怀敬意

不是生活在这片土地上的人，很难理解木里人对森林的依恋和对灭火的执着。木里县森林资源极为丰富，被称为“长江上游生态之眼”。对木里人来说，大山和森林，是他们的衣食父母，生命中最重要的东西。

今年38岁的木里县雅砻江镇中铺子村村民龙生从20岁就开始“打火”了，身后的那片森林，是全家收入的主要来源。龙生说，每个乡都有“打火队”，一有火情村村要出人，这是祖祖辈辈流传下来的村规。

3月31日晚上，浑身是伤的龙生从火海死里逃生，听到有那么多消防指战员牺牲，皮肤黝黑的汉子红了眼圈，不顾身上的伤势，不管脚上已磨烂的胶鞋，执意上山寻找遗体。“他们是英雄，我们满怀敬意。木里人与森林消防队员亲如一家人。”

木里火灾，救火英雄牺牲，全国人民为之痛心。

4月2日凌晨1时20分，第一批转运的23具牺牲人员遗体由救护车运送至西昌市殡仪馆，早已等候在街道两侧的市民手里拿着菊花，哭泣着喊出：“英雄，一路走好！”数百名退伍老兵，唱着军歌送别战友。62岁的退伍老兵王光才眼含泪水静静地放下一束鲜花：“祝这些战友一路走好，人民不会忘记你们。”

人们自发在殡仪馆路旁的树枝上挂起大大小小的白色纸花，一位中年女性一边挂纸花，一边啜泣：“他们为了国家的财产把自己的生命留在山上了。里面没有我相识的人，但是我的心好痛。”

殡仪馆入口处放了五个大水桶作为临时献花点，每过一会儿就被装满重换。大块头的彝族汉子孙拉坡就在殡仪馆工作，一边整理大家放在桶里的鲜花，一边不时悄悄擦拭眼角的泪滴。“我的心非常痛，他们是英雄。这么多人来送英雄，我真的非常感动。”孙拉坡告诉记者。

4月4日上午，西昌市民早早地来到了火把广场。通往悼念仪式现场的道路两边摆满了花圈，花圈的尽头挂着黑底白字的横幅：沉痛悼念在四川木里森林火灾扑救中英勇牺牲的烈士。绿色的背景墙上挂着烈士们的遗像，那是森林的颜色。

37岁的张军是西昌大队大队长，1999年入伍以来累计扑火超过150次。4月2日凌晨回到队里，张军一下车就与留守的战友相拥而泣。“教导员牺牲了，战士们现在把我当作这个大队的支柱。我不能倒下，我们肩上还有使命。”

《人民日报》（2019年04月05日　04版）

以普通人的平凡书写不平凡的人生

李　斌

“一辈子深藏功名、初心不改的张富清，把青春和生命献给脱贫事业的黄文秀，为救火而捐躯的四川木里31名勇士，用自己身体保护战友的杜富国，以十一连胜夺取世界杯冠军的中国女排……许许多多无怨无悔、倾情奉献的无名英雄，他们以普通人的平凡书写了不平凡的人生。”国家主席习近平发表二〇二〇年新年贺词，为感动全国的人和事点赞，为不同凡响的中国风采、中国力量喝彩，激荡起人们“只争朝夕，不负韶华”的共鸣。

岁月峥嵘，山河为证。回望过去的一年，基层发展有无数像张富清、黄文秀一样的党员干部不慕名利，践行初心使命；万家灯火有无数像木里勇士和杜富国一样的忠诚卫士恪尽职守，擦亮英雄本色；各个领域有无数像中国女排一样的拼搏者挥洒汗水，奋勇争先建功立业。用汗水浇灌收获，以实干笃定前行，中国人民在各自岗位上创造了非凡的成就。无穷伟力蕴藏在人民群众中，无穷奇迹厚植于平凡奋斗中。习近平主席对新时代奋斗者的赞誉，生动展现出“有梦想，有机会，有奋斗，一切美好的东西都能够创造出来”的实干哲学，充分诠释了“人民是历史的创造者，是时代的雕塑者”的唯物史观，汇聚起亿万人民团结奋斗、同心筑梦的深厚力量。

平凡是生活的本色，不凡是生命的追求。从“苦干惊天动地事、甘做隐姓埋名人”的国防卫士，到“功成不必在我、功成必定有我”的人民公仆，捧读2019年那些感动着我们的人和事，不禁为忠诚如一、信念坚定的政治品格而肃然起敬，为胸怀祖国和人民的爱国情怀深深折服，为爱岗敬业、舍家为国的奉献精神热泪盈眶。平凡因奉献而伟大，平凡因坚守而崇高，平凡因勇敢而伟岸，平凡因付出而出色。“伟大的灵魂，常寓于平凡的躯体。”许许多多无怨无悔、倾情奉献的无名英雄，在平凡岗位上铸就生命的精彩华章，擦亮了道德星空，树起了时代标杆，挺直了民族脊梁。每一个平凡的奋斗者，都是卓越的追梦人。

伟大出自平凡，英雄来自人民。伟大与英雄不是凭空而来的，无不以平凡工作为依托、以平凡劳动为根基。王继才日复一日升国旗、护航标、写日志，川航英雄机组日复一日重复训练动作，中国女排胜不骄、败不馁，即便低谷依然默默工作、不计回报……平凡与伟大的辩证哲理就在于：把每一项平凡工作做好就是不平凡，把每一项小事做好就是大事业；一切平凡的人都可以获得不平凡的人生，一切平凡的工作都可以创造不平凡的成就。当此长河奔腾、万物勃发的新时代，我们更加懂得以梦想坚守平凡、以奋斗创造不凡的价值。无论什么职业，无论处在何方，只要有追求、有闯劲、有奋斗，任何人都可以在梦想的舞台上展现人生价值。

“垂大名于万世者，必先行之于纤微之事。”实现中华民族伟大复兴的中国梦，要靠各行各业人们的辛勤劳动。当每一个平凡生命的创造精神、奋斗韧劲前所未有迸发出来，涓滴之水汇聚成不可阻挡的时代洪流，中华民族的逐梦征程将所向披靡，新时代中国的前途将不可限量。新的一年，奋进正当其时，圆梦适得其势。让我们脚踏实地把每一件平凡的事做好，一起为全面建成小康社会、实现第一个百年奋斗目标而拼搏奋斗，共同谱写新时代人民共和国的壮丽凯歌！

《人民日报》（2020 年 01 月 03 日　04 版）

中国女排

中国国家女子排球队隶属于中国排球协会，是中国各体育团队中成绩突出的体育团队之一。曾在 1981 年和 1985 年世界杯、1982 年和 1986 年世锦赛、1984 年洛杉矶奥运会上夺得冠军，成为世界上第一个“五连冠”，并在 2003 年世界杯，2004 年奥运会，2015 年世界杯，2016 年奥运会四度夺冠，共九度成为世界冠军（包括世界杯、世锦赛和奥运会三大赛）。2019 年国庆前夕，中国女排以 11 连胜的骄人战绩赢得 2019 年女排世界杯，成为史上首支五次荣获该荣誉的队伍，这也是中国女排第 10 次荣膺世界大赛冠军。荣获感动中国 2019 年度人物。

拼搏的人生最美丽

郑　铁　李长云

在中国女排中，19 岁的袁心玥是很有辨识度的一个。蓬蓬的短发，衬着一张圆脸，像极了她的外号“小苹果”。1 米 99 的身高，是国家队史上“第一海拔”，可她总爱说，“人家也就 1 米多”。

这个队里的“开心果”，登上赛场就像变了一个人。两眼充满杀气，每一次扣球或得分，彪悍的“海豚音”响彻全场。可回到场下，她依然像个孩子：跑到主帅郎平身边，跳着脚求抱抱；在混合采访区，手舞足蹈地给记者们哼唱《小苹果》。

郎平率领的这支女排中，像袁心玥这样的“90 后”占据大半江山。她们身上，有老女排和“黄金一代”的影子，却展现着不一样的气质：面对轻视与挫折，依然倔强地昂起头，一步步反击直至胜利——新女排的崛起之路，就像一部热血体育电影。

“有时候知道不会赢，也竭尽全力。虽然走得摇摇晃晃，但站起来抖抖身上的尘土，依然目光坚定。”几年来，郎平反复给队伍渗透着这个理念。“人生不是一定会赢，而是努力去赢”，塑造起新女排的“魂”。

排球哲学

看淡胜负，交付信任，重塑新女排气质

2016 年女排亚洲杯开赛前一天，张常宁火线增援国家二队。奥运会后一直忙于社会活动，她的状态和体能难免回落。但仅仅恢复训练几天，张常宁就披挂上阵，无论主攻还是接应都打得霸气十足。“我们可是卫冕成功呢！”夺冠后，她在微博上留言。

越到关键时刻，越敢于发挥、敢于承担责任，这是张常宁在“郎家军”锤炼

出的精气神。18 岁时，她从沙滩排球改打室内排球，很快凭借天赋入选国家队，却一度陷入失误频频的漩涡。面对外界的质疑，郎平却说“哪个人成长没有代价？这时候更要多鼓励她”。张常宁憋着一股劲儿，逐渐成长为队里的“全能战士”，奥运会几次关键发球，她几乎没掉过链子。

郎平当过运动员，善于把握队员的情绪，也懂得保护她们的自信心与主动性。训练即便严格，但总会适时称赞大家：“做得不错，但我希望你们更好，成为世界级的优秀运动员。”百分百交付信任，和谐共处，让中国女排屡屡在逆境中爆发超常的战斗力。

里约奥运会决赛胶着时，丁霞一次罕见的二传扣球，点燃了全队的激情。这个国家队曾经的“边缘人”，在二传位置竞争中并不占优。郎平看中她大胆泼辣的球风，一直给她机会，最终换来了一个“奇兵”。“比赛不用去想什么结果，每得一分，就像赢了一样。”丁霞的放松，折射的是胜负观的悄然转变。

中国女排是一种情结，承载着几代人的共同记忆。以前一输球，很多教练和队员最先冒出的念头就是“怎么向全国人民交代”。郎平经历过“五连冠”的辉煌，也尝过闯荡异国排坛的滋味，人生阅历让她重新认识着排球：这是我们热爱的事业，应该从中得到乐趣，不应该只感到精神压力和负担。

这种排球哲学融入她的执教思想，潜移默化地重塑着新女排的气质。像惠若琪、张常宁等队员，家庭条件不错，排球并非唯一的人生选择。支撑她们挨过艰苦训练与伤病的，只因一份纯粹的热爱。“一天没打球，今天好像少干点什么事，我很享受和队友们一起努力的过程。”惠若琪说。

排球信仰
追逐梦想，永不言弃，展示向上精神

奥运夺冠后，“女排精神”成了网络上的热词。冠军之战创造了超过 70% 的收视率，许多“50 后”“60 后”看得比年轻人还专注，“我们那代人就是伴着女排精神走过来的”。9 月 5 日，当中国女排走进北京大学，最先喊响“女排精神”的学子们已然发鬓斑白。35 年了，体育冠军数不胜数，但中国女排只有一个。

郎平上任前曾对恩师袁伟民讲过：“我是老女排最后一个在一线的了，应该为

中国女排传承一点东西，留下一点东西。”当年的“铁榔头”作为运动员夺得奥运金牌，那时的女排精神代表着自强不息、顽强拼搏；而今以主教练身份率队再登奥运之巅，传递的女排精神是不忘初心、永不言弃。

在福建漳州夏训时，姑娘们每天要湿透六七身衣服，有时累得眼珠都不转了。郎平常常感慨，全世界有130多支排球队，中国女排能有这样的成绩，每个队员都竭尽全力了。

“说实话我们平时训练挺苦的，但是看看郎指导走路摇摇晃晃的身影、想想她30多年做过8次手术，就可以想象老女排当年比我们苦太多了。所以我们现在承受的这些，真的不算什么。”朱婷在《榜样的力量》中写道，从教练、从老队员身上学到了太多，每一步都走得很踏实。

从队员做到助理教练的赖亚文，已经跟随中国女排20多年。“女排精神一直在延续、在丰富，郎指导回归后带来的科学训练与国际化理念，又注入了新的内涵。”在她看来，团队力量在这一届女排身上，拓展到更大范围，体能、康复、技术分析等各环节都释放着创造力。

而郎平是这个团队的主心骨，队员、教练和工作人员之间彼此信任。这种心灵上的支持与默契，在赛场上往往形成一种气场。无论局势如何险恶，郎平始终平静地坐镇指挥，中国女排的士气不散，心理上先崩盘的总是对手。

排球智慧

居高望远，增长见识，自信面对生活

在许多人的印象里，赢球后满场飞奔、胜利后抱头痛哭，是中国女排的标志性画面。但这一届女排却留下更多元化的形象。朱婷的三连扣贡献了一波“王之蔑视”表情包；惠若琪在大巴车上吼一曲《最炫民族风》；登上奥运领奖台，姑娘们一起用“抖腿”表达着兴奋之情。这些鲜活的细节，呈现着一支有血有肉的女排。

私底下，郎平习惯称呼队员们“孩子”，对于年轻人的想法，她尽量去理解和包容。人性化的管理，让新一届女排变得真实、开放起来。体坛风云人物颁奖礼上，郎导带着姑娘们穿上晚礼服，漂漂亮亮地一起自拍。奥运备战期间，女排还抽空参与了一档真人秀节目，登上了新浪微博的热搜榜。

“我们以前习惯了一种概念：必须得胜、必须拿冠军——那时候，我的生活中只有排球，球弄不好，生活就没有光彩。”郎平曾在文章中如此回忆。在她的引导下，女排姑娘们改变的不只是技术，还有对排球的认知、看问题的视野、做人的态度。站在一个新的定位，她们能更自如、更自信地从事这项运动。

如今，朱婷已赴世界顶级的土耳其联赛征战，这对她是极有价值的锤炼。能做到这一点，多亏郎平的牵线运作，她希望弟子们能在更广阔的天地增长见识与能力。没有人比郎平更能体会，拥有什么样的排球智慧，决定着一个人、一支队伍能走多远。

当鲜花、掌声与热潮渐渐散去，中国女排终将回归原来的轨道。这些年轻姑娘，与平常的时尚女孩并无二致，因为排球，她们承受着艰苦训练与枯燥生活。但身在这个光荣的集体，她们觉得一切付出都是那么值得。

有人问，现在提“女排精神”是不是过时了？其实，“女排精神”并不是空中楼阁，那些困境中的坚守与奋起、敢担当的责任感、对梦想的执着追求，不正是这个时代需要的力量吗？“你们要记得，拼搏的人生没有终点。”里约奥运周期的最后一次队会，郎平的寄语激励着中国女排继续前行。

《人民日报》（2016 年 09 月 27 日　22 版）

“为中华崛起而拼搏”

李　斌

铿锵玫瑰最迷人，追梦健儿最美丽。10 月 1 日，天安门广场群众游行花车上的女排姑娘们引人瞩目。此前结束的 2019 年女排世界杯比赛中，中国队取得十一连胜的骄人成绩，成功卫冕世界杯冠军，第十次荣膺世界排球“三大赛”冠军，为新中国 70 华诞献上一份沉甸甸的礼物。

“女排精神代表着一个时代的精神，喊出了为中华崛起而拼搏的时代最强音。”习近平总书记亲切会见中国女排代表，高度赞扬中国女排展现出的祖国至上、团结协作、顽强拼搏、永不言败的精神面貌，号召大力弘扬新时代的女排精神、开创新时代我国体育事业新局面，让中国女排队员、教练员们倍感振奋，让亿万人民深受鼓舞。把为国争光当作崇高荣誉，以奋勇拼搏为坚定责任，中国女排不畏强手、敢打敢拼，打出了风格、赛出了水平，不仅很好诠释了奥林匹克精神和中华体育精神，更激发了全国人民的爱国热情，增强了全国人民的民族自信心和自豪感。

“全面建设社会主义现代化强国，需要在各方面都强起来。”如果说体育强国梦是中华民族伟大复兴中国梦的一个激昂篇章，那么女排精神所体现的，恰是中国人民实现国家富强、民族振兴、人民幸福的共同情结。回想改革开放之初，中国女排“五连冠”的佳绩，奏响了“振兴中华”的时代强音。中国特色社会主义进入新时代，中国女排在 2015 年世界杯、2016 年奥运会、2019 年世界杯三度夺魁，展现出自信自尊自强的新的气质形象，成为中华儿女逐梦复兴征程的靓丽缩影。女排精神可敬，女排姑娘可爱，中国女排的魅力早已超越体育本身，凝结为鼓舞中国人民的精神标杆、偶像力量。

精神不是万能的，但没有精神是万万不行的。民族复兴征程，本身就内含着

“精神力”的塑造和比拼。竞技体育没有常胜之师，比夺得金牌更有价值的是展现顽强拼搏的勇气，比赛事输赢更重要的是砥砺超越自我的追求。一路走来，中国女排获得过胜利和荣耀，也经历过失败与挫折，但她们胜不骄、败不馁，从不言弃。靠着那么一股不服输的拼劲、打不垮的韧劲，中国女排重登巅峰再创辉煌。习近平总书记强调：“平凡孕育着伟大。”女排姑娘平凡而伟大的拼搏奋斗充分表明，“一切平凡的人都可以获得不平凡的人生，一切平凡的工作都可以创造不平凡的成就”。

有多勇毅的行动，就有多壮丽的征程；有多坚定的信念，就有多光明的未来。今天，社会主义中国巍然屹立在世界东方。从建设体育强国到推动全面深化改革，从实现高质量发展的目标到决战决胜脱贫攻坚的硬仗，都可以从女排精神中汲取把困难踩在脚下、把责任扛在肩上、把梦想化作风帆的精神力量。新时代是大有作为的时代。越是对梦想充满渴望，就越需要振奋民族自信心，鼓起奋斗精气神，汇聚发展正能量，团结协作、顽强拼搏，争取事业新胜利。再艰难的跋涉，只要坚持不懈努力奋斗，终将抵达梦想彼岸。

“把握生命里的每一分钟，全力以赴我们心中的梦”。从站起来、富起来到强起来，我们愈发懂得“一代人有一代人的使命”的厚重内涵，感受到“一万年太久，只争朝夕”的时间紧迫。大力弘扬新时代的女排精神，不断构筑中国精神、中国价值、中国力量，我们一定能够在国家发展、民族进步的竞技场上创造新的辉煌。加油，中国体育健儿！加油，逐梦复兴征程的中华民族梦之队！

《人民日报》（2019 年 10 月 03 日　04 版）